LEBRON JAMES

皇图霸业

勒布朗·詹姆斯

冯逸明 主编

世界知识出版社

图书在版编目（CIP）数据

皇图霸业：勒布朗·詹姆斯 / 冯逸明主编．—北京：世界知识出版社，2016.11
（钻石高端臻藏系列 / 冯逸明主编）
ISBN 978-7-5012-5343-2

Ⅰ．①皇…Ⅱ．①冯…Ⅲ．①勒布朗·詹姆斯－生平事迹－画册 Ⅳ．①K837.125.47-64

中国版本图书馆 CIP 数据核字（2016）第 262108 号

责任编辑 余 岚 刘 喆
责任出版 赵 玥
责任校对 马莉娜
封面设计 冯逸明

书　　名 皇图霸业：勒布朗·詹姆斯
Huangtu Baye：Lebulang Zhanmusi

主　　编 冯逸明

出版发行 世界知识出版社
地址邮编 北京市东城区干面胡同 51 号（100010）
网　　址 www.ishizhi.cn
销售电话 010-65265923 010-57735442
经　　销 新华书店
印　　刷 北京盛通印刷股份有限公司
开本印张 787×1092 毫米 1/16 7 印张
字　　数 340 千字
版次印次 2016 年 11 月第一版
2016 年 11 月第一次印刷
标准书号 ISBN 978-7-5012-5343-2
定　　价 59.80 元

目录
CONTENTS

皇图霸业

勒布朗·詹姆斯王者札记

如今的勒布朗·詹姆斯站在什么位置？这是很多人都关注的一个问题。

2007年，他在东部决赛天王山之战双加时砍下48分，包揽球队最后25分。一名专家发出幸福的战栗：“千万不能让他战胜活塞，否则他会统治东部——至少十年。”那一年，勒布朗·詹姆斯22岁。

2012年，他以整个NBA历史上都罕有其匹的全能、强硬、伟大的演出拿到个人第一个总冠军，以及之后连续两年集齐荣誉大满贯。2013年总决赛第七场，他以37分12个篮板完成卫冕，然后说道：“对我来说，我不担心别人说我什么，我是阿克伦贫民窟来的勒布朗·詹姆斯，我本来不应该出现这里的。所以，这就足够了！我很幸运，所以，不管场外的人说我什么，没关系，我一点都不担心。”

●文：轩窗少年

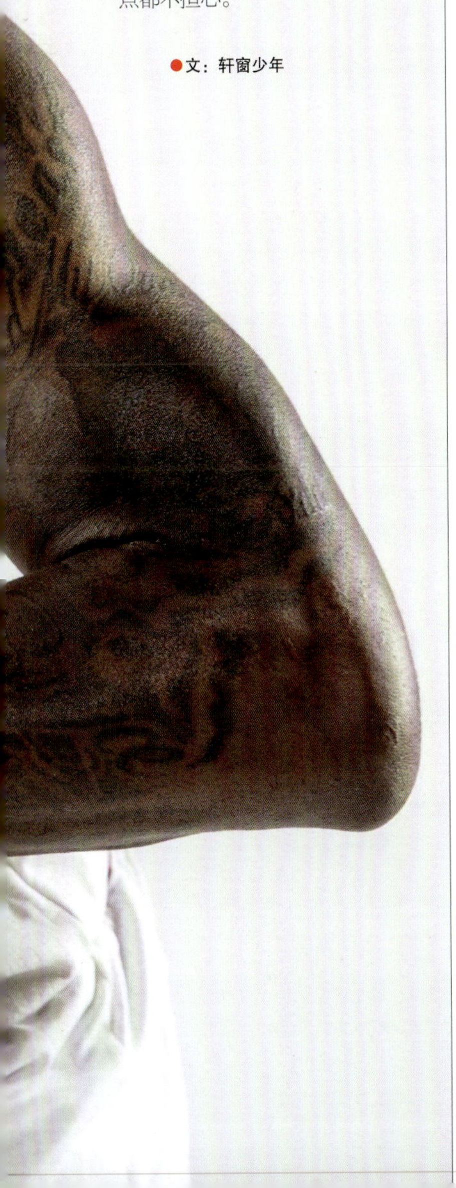

当然了，2014年总决赛间隙，他还有一句更直白的表达：“我对现在的人生位置挺满意的。”然后他未能完成三连冠，带着遗憾回到了克利夫兰。

在他即将32岁的夏天，在他入行13年之后，在他和克利夫兰经历了史诗般的离合爱恨之后，他终于完成了对这座城市童话般的许诺。当然了，詹姆斯在NBA乃至篮球历史上的地位，永远比克利夫兰重要得多。之于他个人而言，这是他时隔三年再度登上王座，第三个总冠军，第三尊总决赛MVP奖杯。自从2014年他接连失去常规赛MVP和总冠军，他天下第一的位置逐渐受到怀疑。但就在库里打出NBA史上最伟大的常规赛表演之一之后，就在勇士拿下73胜之后，他忽然神奇地回到了王座之上，雄辩地证明，2009年以来，这个联盟没有任何人能够和他等量齐观。

三尊总冠军和两尊相比，完全是不同的意义。相对于他的历史地位，此后再也没有人能说他冠军奖杯不够多了。这是他职业生涯唯一的不足，他拥有NBA史上最年轻最卓绝的职业生涯开端，整个职业生涯的高度都维持在一个除了乔丹之外，根本没有任何人可以相提并论的层面上。但即使是乔丹，也因为中途退役的缘故，而不曾有他这种横跨13年的恐怖输出。

所以，那个问题的答案似乎是非常恐怖的：除了迈克尔·乔丹，还有谁能凌驾于勒布朗之上呢？好像一个也没有了。

百尺竿头更进一步，勒布朗·詹姆斯的人生，无疑已经无比圆满了，但他的职业生涯远未到结束，接下来，我们将看到什么？

这两年的克利夫兰曾经有很多问题。

乐福有射程、篮板和漂亮的传球，但他并不善于持球单挑，身体素质也只能说是中人之姿。他扛不住强力内线的背打，跟不上切入者的步伐，这两者尚且情有可原，他在防守挡拆时对路线和空间的懵懂程度，简直像是一个地球人被送进

了四维空间。

欧文可能是NBA历史上最优秀的三个控球高手之一。他有着无与伦比的球感，能将任何控球动作和自己敏捷的步伐完美结合，浑然天成，人球合一。他的投射极其早熟，新秀赛季就有四成以上的远射命中率，三分大赛上拿过三分王。他并不以爆发力见长，而依靠随心所欲的节奏变化完成进攻。所以，他并不是一个传统的创造型控卫，他的传球手法很精致，但传球并不是他的第一选择。这一点他和他的模板——克里斯·保罗有着明显的区别。说得直观点，这是一个身体条件中庸，需要长时间持球，然后完成带球切入或者急停跳投的神奇小子。因此他带着克利夫兰三年，又给这里添了两支状元签。

顺便，可想而知，当他和乐福共同防守挡拆时，那就是一个天然黑洞。

布拉特未来得及真正解决问题，就被对失败已经无比敏感的克利夫兰人毫无耐心地砍了，然后泰伦·卢上位，一群人在对冠军的无比渴望下，完成了末路变革：莫兹戈夫被弃用，勒布朗被进一步解放，将球权更大幅度地分配给欧文和乐福，让他们参与到进攻中来。欧文的弧顶挡拆和弱侧单挑，乐福的低位背打和策应，都被纳入骑士的战术体系。

詹姆斯的无球比例进一步上升，以持球强突、霸王破阵称雄江湖十余年的他，此后很长一段时间里，对持球简直到了消极的地步。他的绝大多数得分，都是空切上篮和纵贯全场的快速反击。他不断用强壮的体格和依旧不俗的爆发力无球突进，打乱对手防线后便甩出一记长传，任由欧文和乐福随意折腾。当时欧文伤后复出状态不佳，乐福则从来不是一个优秀的单打手。两个人时常将事情搞砸。但詹姆斯面不改色，一以贯之，将这种风格坚持到了赛季结束。无论这俩人打成什么样，詹姆斯都只有一句话：“他们是我兄弟。”他的这种付出就像他的传球，最终在总决赛最后三场获得了回报。

一支冠军球队的文化底蕴想要建立起来，其过程中的艰难痛苦，远在我们想象之上。但一旦建立起来，球队也会受益无穷。这便是如今的克利夫兰骑士，他们不是没有问题，欧文仍然会长时间带球然后玩出一记离谱的跳投；乐福可能仍然会在某些时段找不到存在感；勒布朗可能会长时间显得对比赛无欲无求，直至季后赛到来；汤普森可能会成为遇到了林仙儿的阿飞；J.R. 史密斯直至媒体日还未续约。至于教练问题，随着夺冠，以及战术架构的稳定，矛盾爆发的可能性已经非常低了。

最有趣的一个问题当然是，凯里·欧文能不能取代韦德，成为勒布朗职业生涯里的最佳拍档？他在总决赛的最后五场比赛让人印象深刻，但那是建立在骑士对勇士的整体节奏博弈占据了主动的前提下的，然后才让欧文在不断的转换进攻中找到了手感和自信，最终打出了24投17中的第五场，投进了第七场最后一分钟内的神话三分球。而当球队博弈落入下风时，前两场的欧文显然是另外一回事。但无论如何，在NBA史上第一次1-3大逆转之后，我们需要换一种眼光来看凯里·欧文了，他现在是一个著名的杀手和胜利者，一个随时准备接班勒布朗的骑士少主。

但只要是一支球队，谁没有一点问题呢？这些问题，在常规赛和东部根本不算问题。事实上，所有的问题都只在于，他们能不能再次吃到牛排，但如此一来，就很难预测了。当然了，如果能准确预测，过程也就没有意义了。这就是如今的克利夫兰，一支绝对值得你留意瞩目的球队，每个人都想看看他们是如何一步步走向未来的。

最后，我们必须得习惯一件事，那就是克利夫兰这片被失败布满的土地，如今第一次以天下第一的身份开始了新赛季，他们要接受群雄挑战。他们能不能在NBA的王座上停留得更久一点？而这，也正是勒布朗·詹姆斯最关心的问题。虽然在2016年的夏天之后，他在万神殿中的地位已经无可撼动，所有的一切都只不过是锦上添花罢了。但我们还是渴望看一看，他的宏图霸业，到底能抵达一个什么样的高度。

CAVALIERS
23
CAVALIERS
2
CAVALIERS
0

2014 回归家乡“为克利夫兰赢得冠军”的誓言，依然回响耳畔。当 2016 年詹姆斯不负前盟，终于捧杯的那一刻，他久久跪在地上，热泪盈眶，这是无比幸福的眼泪。

这一冠，等了两年，不太久，但夺得无比艰辛！

一路走来，詹姆斯背负着如山的重负，被放逐、被嘲笑、被诋毁……甚至被遗忘。当勒布朗的骑士 1–3 落后如日中天的勇士，几乎所有人都笃定克利夫兰人悲剧的结局，而詹姆斯又添一亚似乎不可避免。但骄傲的“皇帝”绝不会低头令王冠旁落！勒布朗竟然率领骑士发起绝地反击，他们宛如来自地狱的野兽，迸发出夺魂摄魄的杀气，最终逆转了不可一世的勇士。

那些曾经让人心痛的过往不会在克利夫兰的文章上留下太多的印记，拥有超人力量的詹姆斯让笼罩在克城的乌云退散。

“这一冠，为克利夫兰致上！”

皇者自证

皇者印象/詹姆斯的登顶实录

2016年总决赛抢七，詹姆斯再一次完成了“三双”；在他带领下骑士成为自1978年后首支在客场赢下总决赛第七场的球队；骑士成为史上第一支在总决赛1-3落后但最终实现逆转的球队；骑士成为克利夫兰52年来首支赢得全美职业联盟总冠军的球队……当这一切交错在一起时，一股让人从内心颤抖的皇者伟业便浮现在面前。

连续四年总决赛，两夺总冠军，迈阿密终归不是詹姆斯的家。游子需要归乡，2014年夏天，阿克伦之子许下承诺：“我定将会为家乡带来一座总冠军奖杯。”他的家乡，克利夫兰，一座被上帝诅咒之城。

归乡初载，乐福季后赛首轮断臂、欧文总决赛首战黯然离去，詹姆斯独木难支，不敌勇士“死亡五小”，距离那个诺言只差两场胜利。

秣马厉兵，卷土重来，宿敌在总决赛再度相逢。1-3落后，两场绝境的41分，抢七生死战的三双，全票加冕FMVP，第三个总冠军和FMVP奖杯。“天选之子”为克利夫兰赢得了52年来首个职业体育的总冠军。

这个在得分、篮板、助攻、抢断和盖帽五项统计均领先总决赛所有球员的男人，值得所有人尊重和铭记。

击碎质疑

皇者印象/詹姆斯2016中国行

2015/2016赛季，詹姆斯在总决赛1-3落后的不利局面下，凭借着坚定的信念，带领球队成功逆转，终将总冠军首次带回家乡。而2016年中国行，他也希望通过活动将“击碎质疑”的精神传递给中国热爱篮球的青少年们。

2016年9月9日晚，詹姆斯奔赴广州天河体育馆，掀起NIKE高中联赛全明星赛的高潮。与球员进行定点投篮、篮球技巧等三项团队挑战后，还亲手揭幕了一份送给他的艺术品——一面以詹姆斯夺冠历程为故事原形的立体涂鸦墙。这件作品以总冠军詹姆斯和NIKE高中篮球联赛的运动员为灵感，用具象化的表现形式再次传达击碎质疑、超越自我的强大精神力量。

9月10日，一场迷你的詹姆斯夺冠庆典巡游在天河体育中心进行。虽然场面不比克利夫兰百万人全城狂欢，但是短短十五分钟的巡游足以让到场的一万多名球迷兴奋不已。

与广州万人齐聚的大场面不同，詹姆斯的北京行显得低调和神秘。9月12日，詹姆斯正式结束了本次中国行。

虽然詹姆斯2016中国行略显低调，但他却是身体力行地帮助了中国青年队提高训练水平，并将自己永不言弃、击碎质疑的精神传递给了广大球迷。

最佳先生

皇者印象/ESPY最佳三大奖项

2016年7月13日，刚刚捧起奥布莱恩杯不到一个月的詹姆斯又获得了三座奖杯。被称作体育界的奥斯卡的ESPY颁奖典礼上，詹姆斯独揽年度最佳男运动员、年度最佳冠军表现、年度最佳NBA球员三大奖项，这也是他第三次获得最佳男运动员奖——恰如他获得总决赛MVP的次数。

ESPN网站的体育迷们通过互联网进行投票，詹姆斯实至名归。2015/2016赛季中，詹姆斯常规赛场均贡献25.3分7.4个篮板6.8次助攻，命中率达到52%。季后赛中，本就尽显统治力的表现再度全面升级，26.3分9.5个篮板7.6次助攻，命中率达到52.5%。

2016年总决赛中，詹姆斯更是君临天下般拿到将近场均三双的29.7分11.3个篮板8.9次助攻，率领骑士逆转常规赛获得历史最佳战绩73胜的勇士，成功兑现诺言，为家乡带来一座总冠军。

颁奖礼上，身着黑色西装的詹姆斯自好友韦德手中接过奖杯。并且，詹姆斯所带领的克利夫兰骑士队获得了七项大奖，堪称最大赢家。

2016年詹姆斯的皇冠上增添了太多的荣耀，这三座奖杯则为其辉煌又增添了一串垂珠。

魔戒至尊

皇者印象／2016总冠军颁奖礼

2016年10月26日，总冠军戒指之夜。作为上届冠军，今夜骑士揭幕战对阵尼克斯，也是詹姆斯与老对手安东尼又一次巅峰对决。不过，面对着闪烁着迷人光芒的总冠军戒指，其他的一切变得不再重要……

作为克利夫兰历史上的第一枚总冠军戒指，也是詹姆斯兑现诺言而夺得的首个荣耀之戒，可谓意义非凡！

在颁奖仪式上，勒布朗 詹姆斯面向观众发表动情演讲：“这是为你们而拿的冠军，我们在上赛季初尝冠军美味，我们都听过努力必有回报，这句话是真的，如果没有你们的支持，这一切不可能发生。”詹姆斯还说道：“我们永远不会忘记这一时刻，一个都不会，这座球馆里，这个社区里，这个州里，任何和克利夫兰有关联的人都不会忘记……”

此枚骑士总冠军戒指由美国最大的珠宝首饰连锁商凯氏珠宝制作，重6.5克拉，含400颗钻石，由10K的白金和14K的黄金镶嵌而成。

同时，骑士为了让球迷也能感受戴上总冠军戒指的感觉，特意为球迷制作了高仿戒指，尽管他们不能做到每枚戒指上都镶上钻石，但他们已经竭尽所能为球迷带来最优质的体验。

超越篇

1.2004 年 3 月 27 日，詹姆斯在对阵篮网的比赛中拿到 41 分，一举成为 NBA 历史上拿到 40+ 的最年轻球员。

2. 从 2007/2008 赛季到 2010/2011 赛季，詹姆斯连续四个赛季送出至少 2000 分 500 个篮板 500 次助攻 100 次抢断，是 NBA 历史上唯一做到这点的球员。

3.2012 年，詹姆斯助美国男篮夺得奥运会金牌，一举成为史上第二个在同一年揽得 NBA 总冠军、常规赛 MVP、总决赛 MVP 和奥运金牌的球员。

4.2012/2013 赛季詹姆斯六场总决赛的命中率分别为：62.5%、92.9%、61.1%、81.8%、66.7%、73.3%，他也成为这一数据纪录的第一人。这六场比赛，詹姆斯总共 92 投 66 中，命中率是令人吃惊的 71.7%！

5.2013 年 2 月 3—12 日，詹姆斯连续六场比赛至少拿到 30 分，并同时打出 60% 的投篮命中率，超越了阿德里安·丹特利和摩西·马龙（各 5 场），成为 NBA 历史第一人，在六战中，詹皇合计 92 投 66 中，命中率高 71.7%。

6.2014 年 3 月 4 日对阵山猫一战，詹姆斯 33 投 22 中疯狂拿到 61 分，凭借超强表现，他成为 NBA 历史上首位单场至少拿到 61 分 7 个篮板 5 个助攻且命中了 8 个三分球的球员。

7.2015 年 6 月 5 日，NBA 总决赛首战，勇士主场加时以 108–100 击败骑士，詹姆斯砍下 44 分，生涯季后赛第 76 次拿到 30+，超越贾巴尔（75 次），升至 NBA 历史第三，仅逊于乔丹（109 次）和科比（88 次）。

8.2015 年 6 月 5 日，NBA 总决赛首战，勇士主场加时以 108–100 击败骑士，詹姆斯在总决赛里第三次拿到 35+ 得分，在现役球员里高居第三，仅次于韦德（5 次）和科比（4 次）。

9.2015 年 6 月 5 日，NBA 总决赛首战，詹姆斯砍下 44 分，成为 NBA 史上第五位在总决赛首战拿到 40+ 的球员，前四位分别是杰里·韦斯特、奥尼尔、科比以及艾弗森。

10.2015 年 6 月 10 日，总决赛第三战，骑士主场 96–91 险胜勇士，詹姆斯砍下 40 分 12 个篮板 8 次助攻 2 次盖帽，季后赛生涯总盖帽数达 159 次，超过乔丹（158 次）。

11. 在 2015 年总决赛系列赛，詹姆斯六场比赛场均拿到 35.8 分 13.3 个篮板 8.8 次助攻，在 NBA 历史上，此前从没有一位球员能够场均拿到 35+10+5 的数据。

12.2015 年对阵勇士总决赛系列赛，詹姆斯前三场得分分别为 44 分、39 分和 40 分，一共砍下 123 分，打破由勇士传奇巨星里克·巴里保持的总决赛前三场得分纪录（122 分）。

13.2016 年 2 月 15 日，NBA 全明星赛结束后，勒布朗·詹姆斯在这届全明星赛上，总进球数为 119 个，总得分是 291 分。在总得分上超越了科比，位列历史第一。总进球数也追平科比，两人并列第一。

14.2016 年带领骑士跻身总决赛后，詹姆斯成为 NBA 历史上首位带领两支球队，六年内连进总决赛的球员。

15.2016 年 6 月 3 日，此役詹姆斯砍下 23 分 12 个篮板 9 次助攻的准三双。季后赛总篮板数达到 1691 个，超越拉里·伯德（1683 个），上升到历史第十位。至此詹姆斯季后赛的总抢断、助攻、得分以及篮板四项数据均跻身季后赛历史前十位！成为历史首人！

16.2016 年 6 月 3 日，总决赛首战打响，骑士客场 89–104 不敌勇士，詹姆斯得到 23 分 12 个篮板 9 次助攻，命中两记三分后总命中数达到 57 次迎来里程碑，超越雷·阿伦与罗伯特·霍里，加冕 NBA 总决赛历史三分王。

17.2016 年 6 月 9 日，骑士在主场和勇士展开总决赛第三场的较量，骑士最终 120–90 大胜勇士，大比分追成 1–2。全场比赛詹姆斯砍下 32 分 11 个篮板 6 次助攻，使其总决赛得分达到 945 分，超越科比（937 分），升至总决赛得分榜第十名。

18.2016 年总决赛期间，詹姆斯的得分（29.7 分）、篮板（11.3 个）、助攻（8.9 次）、抢断（2.6 次）以及盖帽（2.3 次）领跑两队所有人的球员。他也成为 NBA 历史上第一位在季后赛中五项数据均领跑两队所有人的球员。

19.2016 年 6 月 14 日总决赛第五场，他的总决赛得分成功突破千分大关，达到 1011 分，超越“魔术师”约翰逊（972 分）升上历史第九位。同时，凭借本场抢到的 16 个篮板球，詹姆斯季后赛生涯总篮板数达到 1739 个，超越埃尔金·贝勒（1724 个），同样升上历史第九位。

纪录篇

1.NBA 史上单季达成 2000 分 500 个篮板 500 次助攻最多次（7 次）的球员。

2.NBA 史上最快达成 10000 分、2500 个篮板、2500 次助攻、600 次抢断、300 次盖帽（382 场——10464 分、2637 个篮板、2518 次助攻、676 次抢断、300 次盖帽）。

3.NBA 史上最快达成 20000 分、5000 个篮板、5000 次助攻、1200 次抢断、600 次盖帽（726 场——20007 分、5244 个篮板、5008 次助攻、1255 次抢断、616 次盖帽）。

4. 詹姆斯是历史上唯一一位战胜 70 胜以上球队，夺取 FMVP 的球员。

5. 詹姆斯成为历史上第二位在两支球队都夺得 FMVP 的球员。

6.2003 年 6 月 26 日，18 岁 178 天，成为最年轻选秀状元。

7.2004 年，19 岁，成为美国男篮史上最年轻的国家队队员。

8.2003/2004 赛季，最年轻获选年度新人王，最年轻入选新秀第一队。

9.2004/2005 赛季，20 岁，最年轻入选年度第二队。

10.2004/2005 赛季，20 岁 102 天，最年轻达成单季 2000 分，最年轻达到单季平均 27 分 7 个篮板 7 次助攻。

11.2005/2006 赛季，21 岁，最年轻入选年度第一队，最年轻达成单季平均 30 分，最年轻达到单季平均 31 分 7 个篮板 6 次助攻。

里程篇

1.2008 年 2 月 27 日，23 岁 59 天，最年轻达成生涯 10000 分。

2.2013 年 1 月 16 日，28 岁 17 天，最年轻达成生涯 20000 分。

3.2015 年 11 月 2 日，30 岁 307 天，最年轻达成生涯 25000 分。

SPALDING

2016
NBA
CHAMPS
23

至尊荣耀

1988–2017/GLORY

LeBron James

詹 姆 斯 荣 耀 完 全 录

四届常规赛 MVP 数据

赛季	得分	篮板	助攻	抢断	盖帽
2008/2009	28.4	7.6	7.2	1.7	1.1
2009/2010	29.7	7.3	8.6	1.6	1.0
2011/2012	27.1	7.9	6.2	1.9	0.8
2012/2013	26.8	8.0	7.3	1.7	0.9

最具统治力 MVP

NBA 历史上，只有 5 名球员单季场均可以贡献至少 26 分 8 个篮板 7 次助攻，除了勒布朗，奥斯卡・罗伯特森做到过 5 次，哈弗里切克做到过 2 次，伯德和乔丹各有 1 次。勒布朗是其中唯一一个场均 26 分 8 个篮板 7 次助攻且命中率达到 55% 的球员。

从 2013 年开始，詹姆斯进入了随心所欲、自由操控的境界，他已经没有个人攻击或策划全队模式之分，甚至也不太需要粘球。对垒任何防守套路，他都可以如入无人之境。实际上，哪怕是 2005/2006 季场均 31 分、2007/2008 季得分王、2009/2010 季连续常规赛 MVP 时，他多少还会有进攻端滞涩的时节。但本季，勒布朗进攻端的表现，没一场会陷入“挣扎”之境——常规赛，他命中率最差的三战是 40%、44%、46%。作为一个每场超过 60% 进攻靠跳投完成的家伙，他稳定到匪夷所思。

詹姆斯还在不断地挖掘着自己，那么他最后能拿到多少 MVP？乔丹最后一次当选 MVP 是 35 岁，那是 1998 年。贾巴尔在 33 岁的时候最后一次获得这一荣誉，张伯伦和拉塞尔都是在 31 岁做到的。“谁不希望在 30 多岁的时候还能打出这种状态呢？”勒布朗说，“我们都希望如此。但前提是你得保持健康。”

勒布朗早在高中时期便威名远播，并被赋予“KINGS”的霸气外号。自 2003 年进入 NBA，勒布朗就立志成为 NBA 历史最佳球员。翻开勒布朗近十三年的荣誉簿，你会看到四座常规赛 MVP、三座总决赛 MVP、三座全明星 MVP，两枚奥运会男篮金牌等。作为现役最强球员，勒布朗正走在创建自己皇朝的路上。

詹姆斯已赢得所有荣耀，五年四夺常规赛 MVP，除“上古大神”拉塞尔外再无旁人；连续五年垄断“双一”阵容，统治 3 号位正如乔丹统治 2 号位；2012 年一年之内，双料 MVP、篮球世界里最具分量的两个冠军，统统收入囊中；又在 2013 年把上一年的壮举重复一遍，就此登上时代神殿。睥睨当世，独步天下。完全可以说，在这个时代，他就是无可争议的篮球之皇。

常规赛MVP

2008/2009 常规赛 MVP

2009 年，詹姆斯在进入联盟 6 年后首次荣膺常规赛 MVP，在 24 岁 125 天拿到了 MVP，是 1979 年以来获得此奖项的最年轻球员。他成为克利夫兰骑士队历史上第一位当选常规赛 MVP 的球员。

2008/2009 赛季，詹姆斯场均得到 28.4 分、7.2 个篮板、7.6 次助攻和 1.7 次抢断 1.2 个盖帽的全面数据，共取得 29 次两双，其中包含 7 次三双。他是 NBA 历史上第 12 位连续三场比赛取得三双的球员，率领骑士取得骄人的 66 胜 16 负队史最佳战绩，同时也是第一位当选常规赛 MVP 的骑士球员。

常规赛MVP

2009/2010 常规赛 MVP

2010 年 5 月 3 日，NBA 官方宣布勒布朗以 1205 分的选票荣膺 2009/2010 赛季常规赛 MVP，力压杜兰特的 609 分和科比的 599 分，这也是他继 2008/2009 赛季后蝉联此项荣誉，也成为 NBA 史上第 10 位蝉联常规赛 MVP 的巨星。

2009/2010 赛季勒布朗场均得到 29.7 分，投篮命中率为职业生涯新高的 50.3%，此外他场均还能贡献 7.3 个篮板、8.6 次助攻及 1.6 次抢断的全面数据，骑士队也以联盟 61 胜 21 负最佳战绩进入季后赛。

场均 8.6 次助攻的纪录打破了拉里·伯德 1986/1987 赛季创造的锋线球员场均 7.6 次助攻的纪录。

常规赛MVP

2011/2012 常规赛 MVP

2012 年 5 月 12 日，詹姆斯获得 2011/2012 常规赛 MVP，他场均得到 27.1 分，位列联盟第三。投篮命中率为 53.1%，此外他场均还能贡献 7.9 个篮板、6.2 次助攻及 1.9 次抢断的全面数据。这是他近四个赛季以来第三次获此殊荣。成为自迈克尔·乔丹后又一位在四个赛季三夺常规赛 MVP 的球员，同时也成为热火队史上第一位常规赛 MVP。

常规赛MVP

2012/2013 常规赛 MVP

2013 年，詹姆斯毫无悬念地获得常规赛 MVP。这是詹姆斯五年内第四次获此殊荣，他也成为 NBA 史上第五位至少四次获得常规赛 MVP 的球员。

整个常规赛里，詹姆斯场均能够轰下 26.8 分、8 个篮板、7.3 次助攻以及 1.7 次抢断，投篮命中率达到 56.5%，三分球命中率 40.6%，这两项命中率均创职业新高。2013 年 2 月初，詹姆斯曾连续六场比赛砍下 30+ 且命中率过 60%，成为史上首位打出如此数据的球员。

在团队荣誉方面，詹姆斯同样是无可挑剔。自 2013 年 2 月的第二场比赛开始，詹姆斯率领球队 50 天里未尝败绩，打出了一波 27 连胜，这一连胜纪录高居历史第二，仅次于 33 连胜的湖人。而整个赛季，热火打出了 66 胜 16 负的绝佳战绩，领跑全联盟。常规赛 66 胜创队史纪录，主场 37 胜为队史新高，他们也是联盟历史首支单月 17 胜的球队。

NBA
CHAMPS
23
CHAMPIONS
HEAT
6

3X总冠军

2012 年、2013 年、2016 年总冠军

2012 年 6 月 22 日，总决赛第五场，凭借着詹姆斯 26 分、11 个篮板和 13 次助攻的大三双表现，热火 121-106 战胜雷霆，从而以 4-1 夺取 2012 年 NBA 总冠军。进入联盟九年后，勒布朗如愿以偿捧起人生第一座总冠军奖杯。这是他第三次总决赛经历，詹姆斯没让机会再溜走，他场均轰下 28.6 分、10.2 个篮板和 7.4 次助攻，投篮命中率 47.2%，总冠军是对皇帝最好的肯定。

2013 年 6 月 21 日，热火坐镇主场同圣安东尼奥人展开总决赛“抢七”大战，最终热火 95-88 拿下比赛，从而以 4- 3 击败马刺队夺得 2013 年总冠军。本场比赛詹姆斯表现出色，一人独得 37 分、12 个篮板、4 次助攻和 2 次抢断，率领热火队成功卫冕。

2016 年 6 月 20 日，骑士做客奥克兰与勇士展开总决赛抢七大战，在詹姆斯的带领下，骑士以 93-89 击败金勇士，在总比分 1-3 落后情况下，连扳三场，夺得 NBA 总冠军。成为历史上第一支总决赛 1-3 落后最终拿下总冠军的球队，詹姆斯砍下 27 分、11 个篮板、11 次助攻的三双战绩，率领骑士首次拿下总冠军。

3X总决赛 MVP

2012 年、2013 年、2016 年总冠军 MVP

2012 年 6 月 22 日，总决赛第五场，热火 121-106 战胜雷霆，以 4-1 夺取总冠军。詹姆斯总决赛场均 28.6 分 10.2 个篮板 7.4 次助攻，并在最后一场中打出 26 分 11 个篮板 13 次助攻的豪华三双，当之无愧地荣膺总决赛 MVP。

2013 年 6 月 21 日，热火 95-88 拿下抢七之战，从而以 4-3 击败马刺队夺得 2013 总冠军。詹姆斯独得 37 分 12 个篮板，率热火成功卫冕，37 分也追平抢七战最高得分纪录。詹姆斯场均 25.3 分 10.9 个篮板 7 次助攻再次荣膺总决赛 MVP，连续两年包办常规赛和总决赛的 MVP，这是自 1992 年乔丹之后 NBA 史上的第二人。

2016 年 6 月 20 日，NBA 总决赛抢七战，最终骑士以 93-89 击败勇士，在 1-3 落后的情况下完成大逆转，4-3 淘汰勇士夺取总冠军，詹姆斯在本场比赛里以完美的表现荣膺总决赛 MVP，这也是詹姆斯职业生涯第三次在总决赛荣膺 MVP，同时，他也成为历史上第五位拿到至少三届总决赛 MVP 的球员，前四位是乔丹、奥尼尔、邓肯和“魔术师”约翰逊。

1X得分王

2007/2008赛季，勒布朗场均上场40.4分钟，以48.4%的投篮命中率场均得到30分，力压场均得到28.4分的科比，职业生涯首次荣膺2007/2008赛季常规赛得分王，这也是迄今为止他唯一一次荣膺这一荣誉，同时也是骑士队历史上第一位得分王。

7X东部冠军

2016年5月28日，NBA东部决赛第六场，骑士113-87大胜猛龙，以总比分4-2夺得东部冠军，连续第6次打进总决赛。本场比赛詹姆斯得到33分11个篮板6次助攻，这是詹姆斯个人第七个东部联盟冠军，詹皇分别在2007年、2011年、2012年、2013年、2014年、2015年、2016年登上东部之巅。

2003/2004 赛季最佳新秀

2004年4月21日，NBA官方宣布，勒布朗·詹姆斯以508分的明显优势当选2003/2004赛季的最佳新秀，“小皇帝”成为NBA历史上获得这一殊荣最年轻的球员，同时也是骑士队历史上第一位获此殊荣的球员。排名第二、三位的分别是安东尼和韦德。

新秀赛季，19岁的詹姆斯场均20.9分5.5个篮板5.9次助攻，成为继前辛辛那提皇家队罗伯逊和迈克尔·乔丹之后NBA历史上第三位场均至少20分、5个篮板和5次助攻的“新人”。这个赛季骑士队的成绩是35胜47负，较上季多胜出18场的比赛，不过，依旧未能跨过季后赛门槛。

全美篮球先生

2013年1月3日，美国篮球协会正式宣布，詹姆斯当选为2012年全美篮球先生，这是他首次获得这一荣誉。在过去一年中，詹姆斯获得了奥运冠军、NBA总冠军、常规赛和总决赛双料MVP，他和乔丹是历史上仅有的两位能获得这些大满贯荣誉的球员。美国最佳篮球运动员奖项从1980年开始颁发，专门授予那些在一整年中有出色表现或者对球队成功有巨大影响力的篮球运动员。

2006年休斯敦全明星MVP

2006年2月20日，第55届全明星赛在休斯敦丰田中心火爆上演。东部明星队在落后21分的情况下成功翻盘以122–120险胜西部明星队。全场拿下29分的“小皇帝”詹姆斯最终从斯特恩手中接过了全明星赛MVP奖杯，21岁又51天的他成为NBA历史上最年轻的该奖项得主，他的得意让身后的东道主麦迪显得无比落寞。

2008年、2012年两届奥运冠军

2008年北京奥运会男篮冠军

2008年8月24日，北京奥运会男篮决赛在五棵松体育馆上演，美国队以118–107战胜西班牙队夺得冠军。詹姆斯在决赛中得到14分，在他参加的8场比赛中，场均贡献15.5分、5.3个篮板、3.8次助攻和2.4次抢断，是“梦八队”中仅次于韦德的二号得分手。

2012年伦敦奥运会男篮冠军

2012年伦敦奥运会是詹姆斯第三次参加奥运会，在伦敦奥运会上的8场比赛，美国队保持全胜，“梦十队”战胜老对手西班牙队成功卫冕。詹姆斯场均贡献13.3分、5.6个篮板和球队最高的5.6次助攻，外加1.4次抢断，他的投篮命中率高达60.3%，且贡献出球队最高的45次助攻。

2008年新奥尔良全明星MVP

2008年2月18日，第57届全明星赛在新奥尔良上演，由“小皇帝”勒布朗·詹姆斯领军的东部明星队以134–128击败西部明星队。詹姆斯凭借27分8个篮板9次助攻的准三双成绩，第二次当选全明星正赛的MVP。“小皇帝”揽下桂冠可谓当之无愧，他在“诺天王“头顶上的骑扣成为那届全明星上最大的亮点，此役东道主保罗砍下16分14次助攻，成为西部最耀眼的明星，但詹姆斯的强悍表现让这一切变成昙花一现。

TO 16
LIMITED EDITION 117 OF 2016
SPALDING

13届全明星

1988-2017/ALL-STAR

LeBron James

詹 姆 斯 全 明 星 之 路

ALL-STAR 全明星史记

截至 2016 年全明星数据

首发次数：12 场
总投中球次数：119 球
投中三分球：28 球
总得分：291 分
场均得分：24.3 分
单场最高得分：36 分

步入联盟 13 年，十年全明星首发，詹姆斯的全明星之旅可谓顺风顺水，作为 NBA 历史上最年轻的全明星 MVP，勒布朗已两度在全明星赛上封王，当然，他还有大把大把的时间去超越乔丹和科比，从而独霸全明星 MVP 榜首位置。

2014 年新奥尔良全明星，詹姆斯以 1416419 票当选票王，这是他第三次当选。在星光璀璨的全明星舞台上，他永远都是那个最引人注目的球员。在奥兰多全明星赛上，詹姆斯砍下 36 分，但无奈 MVP 被杜兰特抢走。而在 2011 年洛杉矶全明星赛上，詹姆斯更是打出了乔丹之后史上第二个三双。

特别值得提出的是，2006 年休斯敦全明星，詹姆斯砍下 29 分 6 个篮板和 2 次助攻，协助东部明星队击败西部明星队，第一次当选全明星赛最有价值球员，也是历史上最年轻全明星赛最有价值球员，当时他只有 21 岁 51 天。

而到了 2011 年洛杉矶全明星赛，詹姆斯 18 投 10 中，拿到 29 分 12 个篮板 10 次助攻的三双数据，这让他成为迈克尔·乔丹之外唯一一个能在全明星正赛中拿到三双数据的球员。

ALL-STAR START 2004

01 初出茅庐

2004年洛杉矶新秀挑战赛

这应该是最为星光闪耀的一届全明星新秀赛，“03白金一代”悉数登场，“小皇帝”自然期待着自己第一次全明星之旅的爆发。年仅19岁的他，开启创造自己的“星途之旅”。

2004年2月14日，洛杉矶全明星周末新秀赛可谓群星璀璨，“03白金一代”球员詹姆斯、韦德、安东尼共同亮相新秀挑战赛。詹姆斯率领新秀一年级队迎战姚明领衔的新秀二年级队。

这是詹姆斯的第一次全明星之旅。他的表现没有让队友和教练失望。全场比赛他砍下33分、5个篮板外加6次助攻的超级数据，这样的表现足以让人们对他的未来充满期待。但小斯用36分11个篮板的成绩单将新秀赛MVP揽入怀中。的确，人们都知道，詹姆斯太想证明自己了，但是幸运女神并未眷顾这位只有19岁的大男孩，最终他还是与MVP遗憾擦肩，为自己的年轻交了学费。但是自己的第一次全明星成绩单足以让别人相信，这个后乔丹时代的23号必成大器。

03 首尝荣耀
2006年休斯敦全明星赛

这届全明星对于詹姆斯来说意义非凡，可以成为里程碑的一天，他不仅率领东部明星队在落后21分的情况下成功逆转，同时也收获了自己职业生涯第一座全明星赛MVP奖杯，这一天他只有21岁51天，也成为NBA史上最年轻的全明星MVP。

整场比赛，詹姆斯开启了强大的攻击模式，跟西部明星队的麦迪打起飙分对战。詹姆斯全场21投12中砍下29分外加6个篮板，虽然麦迪挟东道主之利砍下全场比赛最高（历史第四高）的36分，但最终“小皇帝”领衔的东部明星队以122-120战胜西部明星队。詹姆斯获得了东部最高分，如愿以偿地获得了MVP的殊荣，这足以让他傲视群雄。这一天他完成了同龄球员几乎不可能完成的成就。随着自己获得第一个全明星MVP，21岁51天的詹姆斯的“王者之相”已初露端倪。

02 初入殿堂
2005年丹佛全明星赛

2005年的丹佛全明星赛，对于已经经过一半赛季磨炼的詹姆斯来说是很有纪念意义的，因为这是他第一次登上全明星正赛，首次被选入NBA全明星赛东部首发球员。

这应该是历史上最为平庸的一届全明星赛，可能是丹佛的寒冷冻住了众球星赛前热得发烫的手，所有人貌似在这届全明星赛上都变得手冷了，全场比赛无一人得分上20。詹姆斯在自己第一次全明星赛上得到13分8个篮板6次助攻。最后，东部取胜，艾弗森用15分10次助攻的全场唯一两双表现最终捧得MVP。

NBA

04 对飙飞侠

2007年拉斯维加斯全明星赛

2007 年 2 月 19 日，全明星赛在著名的赌城拉斯维加斯拉开大幕，詹姆斯以 2516049 票首次当选全明星票王，拉斯维加斯对于所有参赛球员来说，没有东道主，有的只是谁能够在赌城脱颖而出。詹姆斯期待着自己能够卫冕 MVP，但他却遭到了科比的强力阻击。

赌城夜宴，群星璀璨，姚明缺阵，詹姆斯卫冕胜算陡增，勒布朗频频杀入内线，予取予求，但这一次他面对的是火力全开的科比。

比赛伊始，詹姆斯和科比便开启对飙模式，两个人各显神通，梅花间竹般突破扣篮令人目不暇接。但科比似乎要把拉斯维加斯当成主场，手感火热的“黑曼巴”无法阻挡，上半场就独砍 17 分，全场砍下 31 分 5 个篮板 6 次助攻 6 次抢断。面对如此挑衅，詹姆斯不能示弱，左突右投全场拿下 28 分 6 个篮板 6 次助攻，但这相对于科比领衔火力全开的西部队而言，“小皇帝”还是稍显人单力薄。最终西部 153-132 大胜东部，科比如愿获得 MVP，而詹姆斯无缘卫冕，虽然拉斯维加斯失利令“小皇帝”赌输牌局，但他那超强全能战力在全明星之夜得以淋漓展现。

05

05 反客为主

2008年新奥尔良全明星赛

在赌城被科比搅局之后，詹姆斯意在重夺全明星 MVP，他开足了马力。

2008 年 2 月 18 日，全明星赛在新奥尔良拉开大幕，以克里斯·保罗当赛季的风华绝代，在自己的地盘上，加冕全明星 MVP 顺理成章。而且保罗不同于麦迪，他和詹姆斯的关系极其亲密——但你若以为詹姆斯不好意思下手你就错了，在这方面，他完全做到了一视同仁。这届全明星赛，科比因伤只出场了 2 分 52 秒就匆匆退场，这显然给了詹姆斯机会。全场比赛勒布朗用 27 分 8 个篮板和 9 次助攻的准三双率领东部 134-128 击败西部。虽然在得分上，效力于凯尔特人的雷·阿伦更胜一筹，但是凭借着自己总体的出色表现，詹姆斯成功当选全明星 MVP。

詹姆斯两次荣膺全明星 MVP 都是同样的戏码，反客为主，但这一次，他更强大了。

06

06 致敬 OK

2009年菲尼克斯全明星赛

2009 年全明星赛属于科比和奥尼尔，最终他们两个人共享了 MVP 的荣耀，“OK 组合”一笑泯恩仇。

2009 年 2 月 16 日，携西部第一战绩，菲尔·杰克逊登上全明星赛西部队主教练宝座，为他的得意弟子“OK 组合”设计战术。世纪之初的伟大回忆在这一刻闪回。“OK 组合”再度联手，合砍 44 分，帮助西部明星队 146–119 战胜东部明星队，最终两个人共同举起 MVP 奖杯。詹姆斯 19 投 8 中拿下 20 分。但在“OK 组合”主演的世纪大戏里，没有任何人能掀起任何波澜，包括詹姆斯，他只能在这一刻仰望这对大传奇组合。当然了，仅仅是这一刻而已，真正的“OK”时代已经过去了。连奥尼尔也说：“现在的联盟属于‘小飞侠’和‘小皇帝’。”

07 兄弟联盟

2010 年达拉斯全明星赛

2010 年 2 月 15 日，第 59 届全明星赛在达拉斯举行。科比再度因伤缺席。这届全明星成了詹姆斯和韦德两个人的比赛，比赛一开始两个人就开始了东部内部飙分大战，韦德全场砍下 28 分 11 个篮板和 6 次助攻外加 5 次抢断的恐怖数据。面对韦德这样的发挥，詹姆斯不甘示弱，25 分 5 个篮板 6 次助攻同样精彩。两个人相互飙分，最终帮助东部明星队 141-139 险胜西部明星队。韦德最终能捧得 MVP，也有詹姆斯的一份功劳。赛后韦德说：“我要感谢詹姆斯，他的表现同样精彩，是我们的团结使我们最后取得了胜利。”

两人的这次联手颇有趣味，如你所知，2010 年夏天的故事其实在赛季还没有结束时就开始酝酿了。

08 洛城暴动

2011 年洛杉矶全明星赛

2011 年 2 月 21 日，第 60 届全明星赛在洛杉矶斯台普斯举行。科比 VS 詹姆斯，乃至于湖人 VS 热火——迟到的巅峰对决。赛前，转投热火被千夫所指的詹姆斯高调声明，希望和韦德分享全明星 MVP，这显然是对科比的挑战。联想到之前麦迪和保罗地盘上的打劫事件，你知道这会是一场战斗，是一场即将加冕的新王对统治着联盟的旧王发起的暴动。

詹姆斯全场比赛拿下 29 分、12 个篮板和 10 次助攻的三双成绩单，但面对科比 37 分 14 个篮板，最终詹姆斯没能当成救世主，东部 143-148 惜败西部，科比捍卫了洛杉矶。詹姆斯没能带领东部获得胜利，却在数据上比肩“飞人”乔丹，成为迈克尔·乔丹后第二个在全明星赛打出三双的球员，但砸场失败而且被科比快攻颜扣，总体来说，这并不是一个美妙的周末。

09 争锋夺嫡

2012年奥兰多全明星赛

2012年2月27日，奥兰多全明星赛隆重登场，比赛成为各路球星的飙分大战，这样的好戏自然少不了詹姆斯。在和西部小前锋杜兰特的对决中，詹姆斯全场比赛砍下36分6个篮板7次助攻，创下自己全明星赛得分新高。虽然再创新高，但他的努力还是没能帮助东部获胜。杜兰特用36分7个篮板帮助西部152–149险胜东部，最终杜兰特获得了MVP。这是一个宿命般的戏码，为了惩戒2010年的事情，联盟推出了新一代好孩子杜兰特，然后这位好孩子在全明星赛上击败了詹姆斯，加冕“星中之星”。

不过这届全明星赛的失败并不能延缓詹姆斯登基的步伐，他历尽坎坷，已然修成正果，当年6月，他在总决赛击败了杜兰特，拿下职业生涯第一个总冠军。

10 再决飞侠

2013年休斯敦全明星赛

2013年全明星赛再次来到休斯敦，这是休斯敦第四次承办。2013年2月18日，第63届全明星赛在丰田中心拉开大幕。2012年获得了总冠军后的詹姆斯势不可当，全明星赛上也不再见荣誉就抢了，但寂寞的科比不愿意放过他。

詹姆斯全场比赛18投7中，得到19分3个篮板。这样的数据显然不能帮助东部最终获得胜利，尽管他的队友韦德和安东尼合力砍下了47分，但是最终东部还是138–143败北。而比赛的转折点正是詹姆斯遭遇科比侧边大帽并被杜兰特快攻灌篮，直接宣告东部反扑无望。

但今非昔比，他已经不在意这些了，那个夏天，他卫冕了总冠军。此次全明星赛只是比赛间隙和科比的一次斗牛罢了。诚然，科比永远是最出色的一对一球员。而詹姆斯，则意在天下。

特别链接：三分纪录

见惯了詹姆斯霸气外露的突破灌篮和气贯长虹的战斧劈扣，你可能会有疑问，勒布朗是不是不擅长投三分？当然不是！作为东部明星队头号人物，2013年全明星赛詹姆斯除了一次肆虐篮筐外，还在三分线外完成了一次逆袭，他在比赛行至第三节的时候投进了本场比赛的第三个三分球，这是詹姆斯在全明星赛上投中的第23个三分球，这个数字创下了联盟新高，此前，这项纪录是雷·阿伦保持的22个三分球。

11 超越大O

2014年新奥尔良全明星赛

帮助球队卫冕总冠军，连续两年包办常规赛和总决赛的MVP，詹姆斯强力证明自己作为联盟第一人的实力。2014年全明星在新奥尔良举行，詹姆斯以1416419票第三次当选票王，牢牢巩固着自己东部首发的位置。

如今优秀得分后卫和中锋越来越少，联盟已经进入到了四大小前锋时代，杜兰特、詹姆斯、乔治和安东尼一同入围了全明星首发，特别是詹姆斯与杜兰特的对决成为球迷最关注的焦点之一。杜兰特领衔的西部明星队向东部明星队频频发难，但詹姆斯毫不示弱，一上场就火力全开，首节结束，詹姆斯已经砍下了10分1个篮板1次助攻3次抢断。

比赛进行的节奏飞快，詹姆斯多次上演爆扣好戏，尤其是当第一节打到7分10秒的时候，詹姆斯干扰对方空接成功，拿到球后迅速过半场，传给安东尼，安东尼把球从乐福的头顶高高抛起，帮助詹姆斯空接完成一次风车扣篮，画面精美无比。

本届全明星赛，詹姆斯上场33分钟，22投11中，拿到22分、7个篮板和7次助攻。他的全明星得分来到248分，成功超越罗伯特森，排在历史第四位，距离第三位的贾巴尔仅有3分之差。要知道，贾巴尔打了18场，而勒布朗才打了10场。最终，东部明星队以163-155击败西部明星队。

这本该是属于詹姆斯的一届全明星，不料凯里·欧文却捷足先登，成功抢得一座MVP奖杯。当欧文还很羞涩地抱着MVP奖杯不知所措时，詹姆斯在后面大声鼓励他，让他把奖杯高高举起，这才是作为老大所体现的王者风范。对于已经获得两届全明星赛MVP，拿奖拿到手软的詹姆斯来说，在2013/2014赛季完成三连冠伟业比获得全明星赛MVP更加刺激。

12 超越飞人

2015 年纽约全明星赛

2015 年 2 月 16 日，NBA 全明星赛在纽约麦迪逊广场花园上演，最终西部明星队以 163-158 战胜东部明星队。詹姆斯得到东部全队最高的 30 分，还有 5 个篮板 7 次助攻入账，全明星总得分达到 278 分，在首节便成功超越乔丹，排到了全明星总得分榜的第二位，最终距离第一名的科比，也只有 2 分的差距。

首节众球星表现欲望已经极强，詹姆斯三分连中，独揽 10 分。哈登的三分同样正中靶心，西部队领先优势达到 10 分。詹姆斯三分再中，职业生涯全明星赛总得分达到 263 分，成功超越乔丹，排到了历史第二。

末节，双方的疯狂对飙仍在延续。西部队这边，利拉德、威少不断用三分打击对手。但东部这边，波什和詹姆斯的三分同样精准。比赛最后 5 分钟，两队球员开始认真较劲，詹姆斯强突西部内线得手后，紧接着哈登迎着詹姆斯的防守，高难度出手射中三分。最后阶段，东部队已经没有太强的追分欲望，最终，全场比赛落下大幕，西部队以 163-158 战胜东部队。

特别链接：拍地挑衅，致敬飞侠

联盟一直策划的总决赛“23VS24”始终没有上演，随着科比宣布在 2015/2016 赛季结束后退役，我们也许再也看不到“23VS24”了。而本届全明星也将是两人最后一次全明星交手。

科比和詹姆斯进行全明星开场跳球，全场詹姆斯和科比也只有一次真正意义上的对位单挑，比赛进行到次节 5 分 33 秒时，詹姆斯手拍地板，一副要和科比死磕到底的表情，嘴里还不断嚷嚷叫嚣着，而科比选择标志性的后仰跳投进行回应，无奈投篮打铁。詹姆斯这次对科比的“挑衅”，全程满脸笑容，他在用自己的方式向“飞侠”致敬！

ALL-STAR START 2016

13 致敬科比

2016 年多伦多全明星赛

2016 年 2 月 15 日，多伦多 NBA 全明星正赛开打，最终西部明星队以 196–173 击败东部明星队。詹姆斯在本场比赛中只打了 20 分钟，13 投 6 中得到 13 分、4 个篮板和 7 次助攻。值得一提的是，詹姆斯的全明星生涯总得分达到 291 分，从而超越科比（290 分）升至历史第一。

如何向科比致敬？如何送别科比？最佳的方式无疑是真刀真枪地和科比干一场。第二节进行到 5 分 33 秒，詹姆斯制造了上半场最令人印象深刻的一刻，当时他主动跑过去防守科比。只见詹姆斯嘴上嚷嚷着什么，一副要和科比死磕到底的表情，而且他还叉着腿、双手拍地为自己鼓舞。这完全是詹姆斯对科比的挑衅啊，但是他满脸带着笑容，同时这也是詹姆斯在为科比制造氛围。科比也接招了，只不过鉴于自己的身体情况，最终他只是选择进行跳投。

鉴于有科比这个主题，詹姆斯也没有去抢戏，比赛中他的表现比较平淡，没有去飙分，也没有去抢数据，甚至第四节都没有出场。不过即使是这样，詹姆斯也改写了历史纪录，书写了属于自己的里程碑——在本场比赛之后，詹姆斯的全明星生涯总得分达到 291 分，从而超越科比（290 分）升至历史第一。

詹姆斯还改写了其他一些全明星赛历史纪录，他的总防守篮板达到 65 个，连续超越凯文·加内特（63 个）和摩西·马龙（64 个），升至全明星赛历史排行榜的第三位。詹姆斯的总篮板数达到 75 个，超越卡尔·马龙和穆托姆博，升至全明星赛历史第 16 位。詹姆斯的总助攻数达到 75 次，超越贾森·基德、约翰·斯托克顿和加里·佩顿，升至全明星赛历史第六位。

这是詹姆斯第 12 次入选全明星，谈到本届全明星赛，主题无疑是科比的最后一次演出。对于这个氛围，詹姆斯也是感慨万千。“今年是科比最后一届全明星赛，说起来非常苦涩。”詹姆斯说，“记得我还在十一、十二年级时，收看迈克尔·乔丹的最后一届全明星，心中怀着同样的感受。”

10大绝世敌

1988–2017/RIVALS

LeBron James

詹 姆 斯 竞 争 对 手

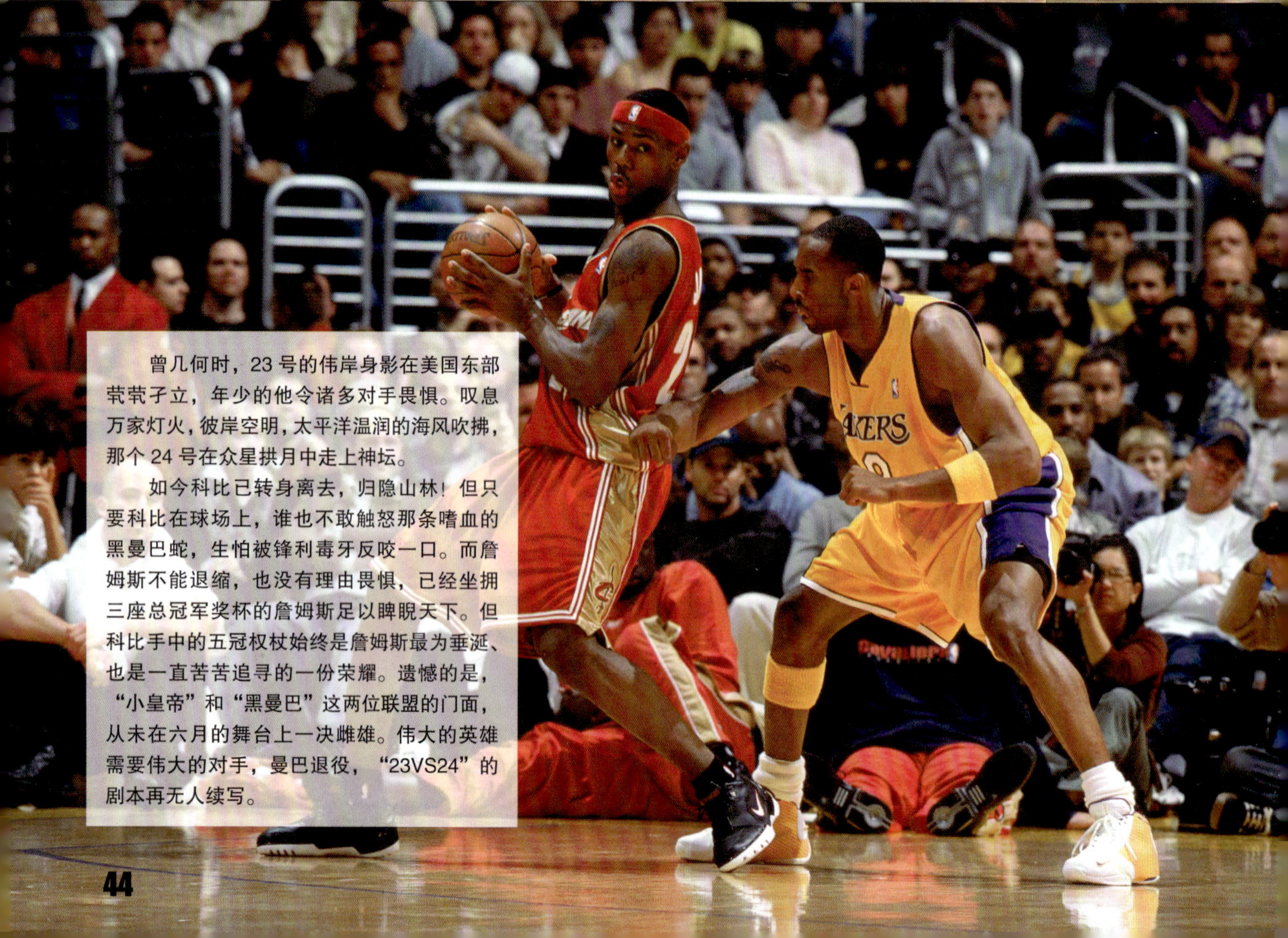

曾几何时，23 号的伟岸身影在美国东部茕茕孑立，年少的他令诸多对手畏惧。叹息万家灯火，彼岸空明，太平洋温润的海风吹拂，那个 24 号在众星拱月中走上神坛。

如今科比已转身离去，归隐山林！但只要科比在球场上，谁也不敢触怒那条嗜血的黑曼巴蛇，生怕被锋利毒牙反咬一口。而詹姆斯不能退缩，也没有理由畏惧，已经坐拥三座总冠军奖杯的詹姆斯足以睥睨天下。但科比手中的五冠权杖始终是詹姆斯最为垂涎、也是一直苦苦追寻的一份荣耀。遗憾的是，“小皇帝”和“黑曼巴”这两位联盟的门面，从未在六月的舞台上一决雌雄。伟大的英雄需要伟大的对手，曼巴退役，“23VS24”的剧本再无人续写。

01

詹姆斯 PK 科比

LEBRON JAMES VS KOBE BRYANT

2016年3月11日,"23VS24"最终回,科比和詹姆斯的最后一战，科比砍下26分5个篮板,几次与詹姆斯直接对话,更是秀出美如画的后仰跳投，而詹姆斯则用强力突破频频得分，最终用 24 分来回应科比。两位超级巨星均祭出自己生平绝学，此番战罢，"23VS24" 就此别过,但一场华丽的告别战绕梁不绝,令人回味无穷。

每个伟大球员都会有一个伟大对手。詹姆斯 PK 科比，"23PK24"，绝无神 PK 噬皇者 。一位是来自东部的皇帝，无神论者，他要打碎西海岸的神祇；另一位是来自西部的天神，旨在推翻东部皇权，建立属于自己的帝国。

这是"03 白金之皇"与"96 黄金之耀"的极致对撞，一位承袭"魔术师"的全能，另一位沿袭乔丹的锋利，他们的强大都达到一种无人企及的境界，似乎唯有他们巅峰一战，才能决出联盟第一人的宝座。

"23PK24"，似乎承载了一个时代的希翼。

然而，13 年过去了，他们始终没有在总决赛的舞台上会师，我们也无法解开"天下第一"的命题！

然而岁月无情，命运无常，如今库里与勇士的疯狂崛起，昭示着新时代的凶猛更迭。如今的 23 似乎已老，而 24 则宣布了归期。

好在，"23PK24"，即使无缘巅峰决战，他们在常规赛季依旧交手过 22 次，科比与勒布朗的每一次交手都留下诸多令球迷如数家珍的极致回忆。

科比与詹姆斯联盟对战 13 载，两人 22 次常规赛交手，詹姆斯以 16 胜占据优势。詹姆斯场均轰下 28.4 分 7.5 个篮板 7.3 次助攻，科比场均砍下 24.6 分 5 个篮板 5.4 次助攻。

詹姆斯 PK 科比生涯对决数据

日期	比分（客队在前）	詹姆斯	科比
2004/1/12	骑士 79–89 湖人	16 分 5 篮板 7 助攻	10 分 5 篮板 2 助攻
2005/1/13	骑士 94–98 湖人	28 分 13 篮板 9 助攻	2 分 3 助攻（首节受伤）
2005/2/13	湖人 89–103 骑士	25 分 8 篮板 9 助攻	26 分 4 篮板 6 助攻
2006/1/12	骑士 98–99 湖人	28 分 2 篮板 9 助攻	27 分 2 篮板 2 助攻
2006/3/19	湖人 95–96 骑士	29 分 8 篮板 7 助攻	38 分 6 篮板 5 助攻
2007/2/11	湖人 90–99 骑士	18 分 8 篮板 5 助攻	36 分 7 篮板 6 助攻
2007/2/15	骑士 114–108 湖人	38 分 4 篮板 3 助攻	34 分 6 篮板 5 助攻
2007/12/20	湖人 90–94 骑士	33 分 10 篮板 5 助攻	21 分 5 篮板 5 助攻
2008/1/27	骑士 98–95 湖人	41 分 9 篮板 4 助攻	33 分 12 篮板 6 助攻
2009/1/19	骑士 88–105 湖人	23 分 9 篮板 4 助攻	20 分 6 篮板 12 助攻
2009/2/8	湖人 101–91 骑士	16 分 8 篮板 12 助攻	19 分 3 篮板 2 助攻
2009/12/25	骑士 102–87 湖人	26 分 4 篮板 9 助攻	35 分 9 篮板 8 助攻
2010/1/21	湖人 87–93 骑士	37 分 5 篮板 9 助攻	31 分 2 篮板 4 助攻
2010/12/25	热火 96–80 湖人	27 分 11 篮板 10 助攻	17 分 6 篮板 7 助攻
2011/3/10	湖人 88 比 94 热火	19 分 8 篮板 9 助攻	24 分 2 篮板 2 助攻
2012/1/19	湖人 87–98 热火	31 分 8 篮板 8 助攻	24 分 5 篮板 7 助攻
2012/3/4	热火 83–93 湖人	25 分 13 篮板 7 助攻	33 分 3 篮板 1 助攻
2013/1/18	湖人 90–99 热火	39 分 7 篮板 8 助攻	22 分 4 篮板 1 助攻
2013/2/11	湖人 97–107 热火	32 分 7 篮板 4 助攻	28 分 6 篮板 9 助攻
2015/1/15	骑士 109–102 湖人	36 分 4 篮板 5 助攻	19 分 6 篮板 17 助攻
2016/2/10	湖人 111–120 骑士	29 分 7 篮板 11 助攻	17 分 6 篮板 3 助攻
2016/3/10	骑士 120–108 湖人	24 分 5 篮板 7 助攻	26 分 5 篮板 2 助攻

MIAMI
6

虚竹——《天龙八部》中最低调而又最厉害的高手，木讷老实、不善言辞，却蕴含着深不可测的绝世武功，甚至盖过刚猛无铸的乔峰。拿虚竹式的人物来形容杜兰特最合适不过了。而詹姆斯无疑就是乔峰式的人物，乔峰武艺超群、嗜杀如命，并仁义兼备，周身散发着非凡的英雄气概。他们之间的斗争就是一场刚与柔的辩证。

2013/2014 赛季杜兰特挟雷霆之勇，大有后来居上之势。此时的“皇帝”无须再等，好男儿当奋起反击、浴血而战、开疆拓土，一举扫平乱世，切莫将光阴虚度，休待明日……

02

詹姆斯 PK 杜兰特

LEBRON JAMES VS KEVIN DURANT

ESPN 记者蒂姆·莱格勒很早就将杜兰特与詹姆斯相提并论，因为在他看来“杜书包”在进入联盟的第三个年头就显示出超级巨星的潜质。这种对比简直让人无法抗拒，他们几乎是天生的对头，无论是打球风格还是处世之道都南辕北辙。

詹姆斯与杜兰特之间没有你死我活的仇恨，他们的关系更接近于亲密敌人。2011 年夏天他们都是小牛的手下败将，由于停摆，两人相约在阿克伦大学，搭伴进行魔鬼训练，让人不禁想起尤因和莫宁在乔治城的故事，互相激励，彼此竞争。詹姆斯见识到了杜兰特的热情：“一起训练时，我每天都会想象我们之间的对决，我知道是什么在驱使着他前进，我想象着我们在总决赛会师。”

詹姆斯的愿望变成了现实，过去几年里詹姆斯和杜兰特明争暗斗，杜兰特拿下了四个得分王，其中有两次险胜排名第二的“小皇帝”。詹姆斯赢下了五年中的四座 MVP，2011/2012 赛季他击败杜兰特获奖。2012 年总决赛两人狭路相逢，上演了当代小前锋的巅峰对决。杜兰特在一番大战中败下阵来，但他的出现让坊间兴奋不已，专栏作家霍华德·贝克认为，在这个缺乏世仇的联盟里，他们有潜力成为继拉塞尔 VS 张伯伦、伯德 VS“魔术师”之后最让人血脉贲张的夙敌。如他所说乔丹在获得六个冠军的征途中遭遇了五个对手，奥尼尔开始拿冠军时那些中锋死敌都已经退役，而詹姆斯和杜兰特极有可能奠定未来一个时代的基调。

对于杜兰特，詹姆斯就像看到当年的自己，杜兰特对绝大多数事情都无所谓，然而在球场上却始终“斤斤计较”。他自嘲命运的捉弄：“从小到大我一直都排在第二，高中时是全美第二出色的球员，2007 年选秀我是榜眼，三次常规赛 MVP 评选我都屈居第二，总决赛又和总冠军失之交臂，我厌倦了当老二的生活。”

媒体希望将杜兰特和詹姆斯塑造成伯德 VS“魔术师”式的宿敌，他们也将对方视为职业生涯最重要的对手。对杜兰特而言，这个伟大的对手同样是通往成功之路的另外一只手。

如今杜兰特转会到勇士，与库里、汤普森、格林组成超级“四巨头”，“KD”与詹姆斯的总决赛对决指日可待，届时他们将联手写下新的传奇。

JAMES
23
GOLDEN STATE
30
WARRIORS
MVP

03
詹姆斯 PK 库里
LEBRON JAMES VS STEPHEN CURRY

过去六年，勒布朗无疑是号令NBA武林的头号至尊。从2011年开始，他再也没有远离过象征巅峰荣耀的总决赛舞台，一如屠龙宝刀威震江湖般的至尊地位，“皇帝”睥睨天下。

普天之下，能与屠龙宝刀齐名抗衡的，唯倚天剑而已。想要在总决赛中击败拥有勒布朗的球队，必须拥有倚天剑般凌厉的攻势和锐气，斯蒂芬·库里如同那把出鞘的倚天剑，锐不可当，锋利无比，过关斩将，无人可敌。

武林至尊，宝刀屠龙，号令天下，莫敢不从，倚天不出，谁与争锋？

金庸《倚天屠龙记》中有言，屠龙刀和倚天剑，是郭靖黄蓉夫妇请人熔玄铁重剑并加入西方精金锻造而成，实属同根而生。一猛一灵，是两种风格的极致。詹姆斯与库里同是阿克伦人，就如同溯源一致的屠龙倚天。

更巧合的是，詹姆斯代表了暴力美学派的巅峰，而库里则是轻盈灵动派的极致。

勒布朗·詹姆斯是斯蒂芬·库里的球迷。早在八年前，库里在NCAA（全国大学体育协会）大杀四方的时候，当时已经是NBA超级巨星的詹姆斯就坐在场下观摩着这位年轻后生的神奇表演，并在赛后表示库里是阿克伦的骄傲！

2015年总决赛，似乎是冥冥中上天对两个“阿克伦的孩子”的安排，这样的对决是他们的缘分。

詹姆斯和库里这对天才却有着完全不同的球风和形象，詹姆斯粗犷大气，拥有完美的体魄，打球刚健威猛。而库里则清秀可人，眉目如画，身材看上去只是一个普通人，球风流畅洒脱，行云流水。

他们的家庭出身和人生经历也截然不同，库里是球星家庭培养出的优秀星二代，而詹姆斯则是平民中崛起的天之骄子，但英雄间总是惺惺相惜的。这两位阿克伦MVP在总决赛上的首次对决，以库里和勇士的胜利而告终，这是团队篮球对超级英雄的胜利，但詹姆斯恐怖的个人能力赢得了所有人的敬畏，包括斯蒂芬·库里。

2015/2016赛季，库里带领勇士携总冠军之勇横扫联盟，旷古烁今的73胜令库里蝉联了常规赛MVP——这座曾经似乎是为詹姆斯定制的奖杯。随后，二人连续第二年在总决赛的舞台上相遇了，这一次詹姆斯不仅赢得了和库里的个人对决，更是率队上演绝地反击，将奥布莱恩金杯带给无比渴望的克利夫兰人。

但二人的对决远没有结束，联盟第一人的宝座，库里觊觎已久，但詹姆斯还无退位之意。两队连续三年的总冠军之争也即将到来……

TERRA
CAVS
23
NEW YORK
7
KNICKS

兵法云：“能领兵者，谓之将；能将将者，谓之帅。”自古以来，将才将兵，帅才将将。将才，可以在战役中充分发挥自己的能力，通过谋略、武勇，来达到最佳的战略效果。而帅才，却能在整个战局中，把握战争形势的走向，通过对前景的剖析和认识，最大限度发掘部下的才能，从而获取全局胜利。

卡梅隆是天生的将才，超级得分手，进攻手段多样，背打和后仰跳投都是拿手绝技，在关键时刻往往有绝杀的神奇表现。单场62分，开启新一波飙分神话。而詹姆斯随后也闲庭信步般砍下61分，作为回应。

卡梅隆单节33分，更是平了“冰人”乔治·格文的单节得分历史纪录，堪称将才之魁首！

单就进攻技术而言，安东尼比詹姆斯略胜一筹，不过至今他都还没有拿过分区冠军，更不用提其他荣誉。究其原因，“甜瓜”的策应能力是其最致命的环节。相反，詹姆斯的可贵之处就在于能使队友变得更好。

平心而论，骑士时期詹姆斯侍卫们的战斗力远不及安东尼身边一众麾下大将，但球队战绩却是骑士一骑绝尘。詹姆斯由内而外散发出来的卓越统治力，全令他成为无与伦比的一代帅才。

04 詹姆斯 *PK* 安东尼

LEBRON JAMES VS CARMELO ANTHONY

几乎所有NBA专家在讨论球员的进攻技巧时都会拿安东尼当作教材。他是无可争议的单挑之王，万花筒般的得分手段，少年时就练得一手好投篮，一身好球感，背筐可以靠打，面筐可以中投，外加试探步、突破、投篮假动作，武器库里几乎应有尽有。

同为“03白金一代”的巨星，2003—2005年，世界在谈论安东尼和勒布朗谁更强，两人几乎不相上下，甚至在某些技术环节，“甜瓜”的早熟和全面远超骑士时期的“小皇帝”。但自那之后，这个争论逐渐熄灭了。因为安东尼的技术局限性，也因为他始终改不掉的任性孩子气。

平心而论，勒布朗的进攻招式，远不像“甜瓜”那样七十二变。但他改变比赛的方式还包括其他东西，比如招牌式的追身大帽、抢断和盲传。去掉单打得分，勒布朗依然是个优质防守者加组织者。而安东尼只是一个纯粹的得分手。“甜瓜”刚来纽约那会儿，德安东尼为了不辜负老板给出的肥约，也为了进一步开发前者的能力，打算让安东尼学勒布朗做组织前锋，运球过半场，分配球权，策动进攻。问题是“甜瓜”压根干不来这事。他需要一个合适的体系才能发挥最大威力，2014/2015赛季纽约主推“一大四小”，让他客串四号位的战术算是正对“甜瓜”胃口，这才有了他第一个得分王头衔以及24.8的职业生涯最高PER值。饶是如此，纽约也仅仅过了季后赛首轮。

迄今为止，除了薪水和NCAA冠军之外，安东尼在与詹姆斯的比较中全面落于下风。后辈们也开始掩杀过来。杜兰特“嗖”的一声就超了过去，抢占了安东尼第二小前锋的位置，甚至连乔治也出现在后视镜里。

安东尼真正要命的地方，是从来没有恶狠狠地要求过自己，即便是在球队生死存亡的危急时刻，他的绝杀也多半是因为他放松，而不是压碎钢牙、绝处逢生的杀气。

05

詹姆斯 PK 韦德
LEBRON JAMES VS DWYANE WADE

詹姆斯与韦德既是亲密无间的战友，又是势均力敌的对手。他们携手夺得两座总冠军奖杯，彼此熟悉、默契甚至强过夫妻，而他们也曾执戈相向，演绎出荡气回肠的巅峰对决。

2010 年对“小皇帝”来说是最艰难，也是转变最大的一年。詹姆斯从君王变成了叛徒。而事实呢？热火在他和韦德的带领下，逐渐步入正轨，重新杀回总冠军的舞台。

而现在的韦德，由于年龄与伤病的原因，不能再像过去那样往来冲突，只得逐渐收敛锋芒。但在生死关头，往往手感不佳的韦德，却仍被委以绝杀的重任，这就是他的价值所在。

詹姆斯君王般的霸气与生俱来，虽然迈阿密是韦德的地盘，但在这里，勒布朗依旧是那个无所不能的皇帝。

2014 年詹姆斯再回克利夫兰，一时间成为迈阿密的全民公敌，而韦德却十分大度为詹姆斯送上祝福，并在他夺冠时公开祝贺，足见兄弟情深。

毋庸置疑，“03 白金一代”初进联盟，詹姆斯和安东尼抢走了大部分星光。2004 年全明星新秀赛，记者们对他们之外的新秀没有太大的兴趣，韦德对此耿耿于怀，直到 2006 年夺冠他还穿着那件印有“还有人怀疑我吗”字样的 T 恤。

事实上韦德是“03 白金一代”中最快取得成功的一位，新秀赛季詹姆斯虽然夺得了最佳新人，却无缘季后赛，而韦德率队杀入了东部半决赛，除了在活塞打酱油的米利西奇之外，他是“03 白金一代”第一个戴上戒指的幸运儿。作为同届的假想敌，率先起跑的韦德始终是詹姆斯前进的动力。

两人从未在季后赛碰面，但常规赛的对决同样精彩，22 场对决，韦德场均贡献 27.6 分、5.5 个篮板、6.7 次助攻，与詹姆斯相比不遑多让。2006 年 4 月 1 日，骑士主场迎战热火，两人同时拿到 40+，詹姆斯贡献 47 分、12 个篮板、9 次助攻，韦德也砍下 44 分、8 个篮板、9 次助攻。ESPN 点评这场比赛时声称两位未来的天皇巨星用一场充斥着突破、爆扣的季后赛级别的盛宴愉悦了球迷。韦德说：“他大概是我遭遇过最好的对手，两个人都尽力争胜，我非常享受，我想他也一样。”詹姆斯如此回应：“有时候他非常惊人，像闪电一样，足以统治比赛。我们热爱彼此之间的竞争。”

2009 年 3 月 2 日，两人再一次同时砍下 40+，韦德几乎砍下四双，却遗憾输掉了比赛。“一场惨败，”韦德说，“很受伤。”詹姆斯则把这场比赛称为当季最值得庆祝的胜利之一，因为这是他 11 次做客迈阿密以来赢得的第二场胜利。“我们都不想让对方有吹牛的资本，”詹姆斯说，“所以每次交手的时候，我们都会针锋相对。”

詹姆斯和韦德携手为热火带来两个总冠军，然而他们又变成敌人，彼此刺痛。

2014 年 12 月 26 日，詹姆斯率骑士做客迈阿密。赛前詹姆斯和韦德深情相拥，一切尽在不言中。圣诞之夜，全场球迷起立将欢呼与掌声送给这位昔日英雄，詹姆斯也走到场地中央挥手致意。中场休息时，詹姆斯和韦德并肩坐在广告牌上相谈甚欢，亦如之前并肩杀敌的战友。赛后，詹姆斯表示感谢球迷如此礼遇他，并在社交网站发布自己与韦德的合影，称兄弟之情超越篮球。

圣诞大战前夕，韦德呼吁迈阿密的球迷在圣诞大战詹姆斯前来做客时，能够欢迎这位昔日英雄。虽然两人如今已各为其主，但韦德和詹姆斯的友谊比之前更密切。

詹姆斯和韦德，兄弟俩一起在迈阿密聚首创造了足以铭刻历史的热火王朝，留了多少汗，滴了不少血，才为南海岸带来了两座总冠军奖杯。岁月的洗礼，时间的沉淀，一晃四年过去，詹姆斯回家让兄弟俩的感情没有分崩离析，而是更加难舍难分。这就是男人之间的兄弟情。

2015 年 3 月 17 日，韦德率热火坐镇主场，迎战兄弟詹姆斯和他的骑士。

赛后，当詹姆斯与韦德在球场中央再度深情拥抱时，全场观众起立鼓掌，甚至依稀能看到韦德眼中闪烁着泪花。不需要铺垫与渲染的兄弟情，此时已超出了其他一切。有种兄弟，叫作“詹韦”！

当詹姆斯与韦德再次相遇时，他们又一次紧紧相拥在一起。没有一生不变的队友，但有一生不变的兄弟。虽然早已作别迈阿密，但詹姆斯对于热火与韦德的挂念依旧，即便转战他乡，但只要有热火的比赛播放，勒布朗还会驻足观看，为兄弟加油喝彩！

“如果再见不能红着眼，是否还能红着脸，
就像那年匆促，刻下永远一起，那样美丽的谣言。
如果过去还值得眷恋，别太快冰释前嫌，
谁甘心就这样，彼此无挂也无牵，
我们要互相亏欠，要不然凭何怀缅……”
伴随着《匆匆那年》中林夕那空灵唯美的歌词，让詹韦兄弟二人再次见面有了几份诗意与遐想的空间……
兄弟分手，不谈亏欠。
兄弟聚首，笑看恩怨。
詹姆斯与韦德，他们的兄弟之约似乎早已超越了赛场，成为一生不渝的铮铮誓言。

在“皇帝”踏上 NBA 的领土之前，“真理”一直是联盟中第一小前锋的热门人物，詹姆斯的出现，让这个位置上的格局发生了变化。2007/2008 赛季，皮尔斯、雷·阿伦和加内特，聚首北岸花园球馆，共创霸业。凯尔特人在皮尔斯等人的带领下重铸辉煌，“绿衫军”是继活塞之后，“皇帝”面前又一块难啃的骨头。随着“三巨头”的日益老迈，“新三巨头”在南岸崛起，新老交替、时代更迭，虽然皮尔斯依旧称得上老奸巨猾，但如今的他已经无法阻止“皇帝”前进的脚步。终于为那一身江南烟雨覆了天下，容华谢后，不过一场，山河永寂。

06 詹姆斯 PK 皮尔斯
LEBRON JAMES VS PAUL PIERCE

皇权当立，真理不泯。联盟中最强悍、最全能的两位小前锋云集东部，他们成为终究绕不过的宿命之敌。

詹姆斯是一柄日益锋锐霸道的饮血战刀，十年来刀锋所及横尸无数。然而，皮尔斯所象征着的那抹邪恶而坚韧的花园碧绿，永远毫无畏惧地直视着血色刀锋，每一年，每一战，胜利或者死亡。

2003 年，詹姆斯带着“天选之子”的名号进入联盟，新秀赛季与皮尔斯四次交手输掉三次，“真理”威风八面的场均 30 分 8 个篮板 6 次助攻。嗯，欢迎来到 NBA。面对这位进攻手段万花筒小前锋，詹姆斯在前两年唯有潜伏磨剑。然后两人在第三年打出一场史诗战：皮尔斯 50 分 7 个篮板 8 次助攻，詹姆斯 43 分 12 个篮板 11 次助攻超级三双，率领骑士带走胜利——未来王者的战刀在“绿巨人”身上砍出了第一滴血，光芒夺目。这是他们在各自最孤独的岁月里酣战的缩影，他们的球队除了自己，接近于一无所有，于是出手毫无保留。

2007/2008 赛季，皮尔斯迎来天堂岁月，两队在东部半决赛遭遇。六场死战之后，比赛进入抢七。于是又一段经典诞生了，直追当年伯德 VS 威尔金斯：那一战，詹姆斯 45 分，皮尔斯 41 分，“真理”在最后时刻断球倒地怒吼，葬送骑士最后希望。

两年后，又是半决赛，皮尔斯和凯尔特人把上面的故事又重复了一遍，骑士之王的尊严和底线开始粉碎，于是南奔迈阿密，历史转弯。2011 年，又是半决赛，第五场第四节，詹姆斯用暴风般的三分球连得 14 分，战刀横扫，片甲不留，干脆地击溃了垂暮的“绿衫军”。2012 年“绿衫军”卷土重来，东部决赛第五场，最后一分钟，皮尔斯在左翼持球面对詹姆斯，毫无征兆地亮出了匕首，一记三分球熄灭了热火，登上天王山，于是终于逼出詹姆斯在第六战的 45+15。这是一场犁庭扫穴之战，从此之后漠南无王庭，绿色被詹姆斯彻底流放——但皮尔斯转战篮网，依旧阴魂不散，这位挨过 11 刀的铁人，显然是下定决心要做詹姆斯的第一苦主了。

不久前，詹姆斯宣布，皮尔斯不再是宿命之敌——而这恰恰说明，以前的皮尔斯一直被勒布朗视为最强劲对手。数据为证——截至 2015/2016 赛季，他们在季后赛常规赛合计交手 56 次，各赢 28 场——而且，你要知道，皮尔斯最近一次取胜时，身上穿着篮网的球衣。这一切还远未结束，对不起，勒布朗，你的话可能说早了。

詹姆斯刚猛无铸，麦迪飘逸灵动，两人的第一小前锋之争由来已久。

作为昔日的优雅王子，麦迪曾是整个联盟中最写意的得分高手，他的才华令人艳羡。

然世事难料，就当詹姆斯率众扩大疆土，揽誉无数之时，麦迪却因病魔的纠缠，从诸侯列强中落了伍，难复当年之勇。

麦迪就是这片领土上横在“皇帝”面前的一座高峰，现在詹姆斯终于跨了过去，不过他心里明白，这只是因为那座山峰变矮了而已。“皇帝”心里一定期望再战巅峰时期的麦迪，不然难免落得遗憾，纵是日后得了这万里江山，又有何乐趣所在？缘聚缘散缘如水，背负万丈尘寰。只为一句，且待来日相逢。

07 詹姆斯 PK 麦迪
LEBRON JAMES VS TRACY McGRADY

多年以前，作为联盟最强的两位小前锋代表，麦迪和詹姆斯这两位高中生翘楚经常被拿来相提并论。两人都拥有恐怖的身体素质。麦迪就像倚天剑——轻灵飘逸，杀人无形。而詹姆斯则是屠龙刀——强悍霸道，刚猛至极。麦迪干拔准确、突破犀利，他的扣篮有时候像霹雳一样石破天惊，有时候又像柳絮一样柔韧优美。而詹姆斯打球给人一种暴力美学的视觉冲击，要么突入内线给对手一个战斧扣篮，抑或快攻击地，传球中的齐框爆扣，每次都是震惊四座，给人重剑无锋的感觉。

两人的第一次对决就火星四射。2003 年圣诞大战，斯特恩安排前一个赛季的得分王麦迪坐镇主场迎战当年炙手可热的状元秀詹姆斯。魔术以 113-101 击败了骑士，麦迪砍下 41 分，不辱得分王风采。同时骑士也没有丢面子，他们把魔术逼进了加时赛，詹姆斯毫不怯场，在与麦迪的初次对位中拿下 34 分。 比赛第一节，后辈詹姆斯的表现甚至盖过老大哥麦迪。他在首节就砍下 14 分，半场结束时 9 投 7 中，其中三分球 5 投 4 中，拿下 20 分。麦迪不甘示弱回敬 19 分。但麦迪毕竟比当年的菜鸟多打了六年球，经验的优势和技巧的纯熟让他在此后的比赛中逐渐占优。尤其是在加时赛，麦迪接连命中两个三分，在这五分钟里一共拿下 8 分，而詹姆斯 4 投全失。

之后双方每次相遇总能擦出耀眼的火花，2004 年 2 月 27 日，麦迪对詹姆斯，35 分 8 个助攻对 30 分 11 个篮板；2005 年 3 月 24 日，31 分 5 个篮板对 19 分 8 次助攻；2006 年 1 月 25 日，34 分 5 此助攻对上 32 分 5 个篮板。那时的全能小前锋，几乎就是以他俩定义的。

两人最富戏剧性的对决出现在 2006 年西部全明星赛上，彼时的麦迪作为东道主的代表，拼尽全力拿下全场最高的 36 分，但比赛的胜利属于詹姆斯，他也以 28 分、6 个篮板、6 次助攻的全能表现荣膺 MVP。这似乎也是双方命运的写真，麦迪身上可以贴上天才、得分狂、全能杀手、35 秒先生等标签，但唯一没有被公认的标签是：领袖。但詹姆斯被誉为天选之子，某种程度上，如今的他已经成为胜利的代名词。

直到 2013 年总决赛，麦迪在场边眼睁睁看着勒布朗亲手扼杀了自己最后的冠军梦想。当看到曾经手持皮球，傲视全场的 1 号只能在暂停的时候给马克班纳递去毛巾时，你不得不嗟叹：性格决定命运，健康才是最大的财富。

08 詹姆斯 PK 邓肯
LEBRON JAMES VS TIM DUNCAN

2007 年，两位状元率领各自的小市场球队会师总决赛，然而从一开始这就不是一场公平决斗。骑士无比依赖詹姆斯的单挑戏码，而马刺历来崇尚群殴模式。比尔·西蒙斯如此评价那支马刺队：“这帮家伙可以打跑轰，也可以放慢节奏，既擅长防守，又精通小球，可以在落后时奋起直追，他们还拥有联盟最好的教练之一。”

胜负悬念的缺失也让那一年总决赛的乏味程度达到了极致。上半场分差拉大到 25 分时，聚集在速贷球馆观看高清转播的克利夫兰球迷也作鸟兽散。这大概是詹姆斯进入联盟以后经历过最惨痛的一次失败，骑士净吞零蛋，他的数据也不再光鲜：场均 22 分、5.8 次失误，命中率只有 35.6%。

总决赛第四场战罢，邓肯拥抱了詹姆斯，对后者耳语一番：“未来属于你，你很快就将统治这个联盟。感谢你今年把冠军给了我们。”这并非两代巨星的交接仪式，更像是前辈对后辈的安慰。一语成谶，2007 年的两位主角可能从未想过，穿越时光隧道，在六年之后再度遭遇。

第二次交手之前，詹姆斯盛赞了邓肯：“在过去 15 年里，邓肯也许是最稳定、最具统治力的球员，他不再飞来飞去，但是真正的球迷都应该明白他有多伟大。”如今詹姆斯不再孤单，他的小伙伴们同样名震江湖，然而第三场 21 投 7 中的尴尬让他恍若隔世，圣安东尼奥的阴影仍未散去。

事实证明 36 岁的邓肯依然具有极强的存在感，第六场最后时刻他被波波维奇换下，随后波什抢下进攻篮板，助攻雷·阿伦绝杀。第七场最后时刻，邓肯单打巴蒂尔未果，愤然捶打地板让人唏嘘不已。

2014 年夏心有不甘的“石佛”杀回总决赛，兵不血刃地以 4-1 击碎了迈阿密人的王朝美梦，詹姆斯纵然表现神勇，却也无力回天。随着邓肯在 2016 年宣布退役，这位“老球痞”终于兑现了“未来是你的”那句诺言。

09

詹姆斯 PK 霍华德

LEBRON JAMES VS DWIGHT HOWARD

他们是联盟里仅存的两个异类，都获得上天垂青，身体素质出众，弹跳力惊人，爆炸性的肌肉块遍布全身，将力量与速度完美结合在一起。这两个前所未有的未来战士，让每个球馆的篮筐都饱受肆虐，一个是勒布朗·詹姆斯，另一个则是德怀特·霍华德。

在这个传统中锋绝迹，快打旋风愈演愈烈的年代，霍华德是 NBA 唯一的内线遗珠，正以一种不同于其先辈的形式生存、成长着，“魔兽”还会在未来统治内线很多年。而詹姆斯需要做的，就是击败这个高大且灵活的对手，成为 NBA 未来战士的唯一模板。

2009 年东部决赛最终成为霍华德和勒布朗结怨的一个系列赛。在那个系列赛里，霍华德无数次在低位背身接球，转成面筐，强突——不夹击，爆扣；夹击，直线分球。特科格鲁再转移球，刘易斯们三分命中。霍华德的天赋神力得到了终极展现，只用简单的面筐突击后的扣篮和勾手就让大Z和瓦莱乔欲哭无泪，赔上无数犯规。就这样打了六场，留下无数经典的“裁判瞬间”之后，变态到场均 38+8+8 的勒布朗出局了。

在 2009 年东部决赛，霍华德场均犯规 5.5 次——呃，这是什么概念呢？四舍五入一下足够他每场都犯满毕业。在最关键的第四场，霍华德在加时赛独取 10 分把骑士送上了绝路。第六场他 40 分 14 个篮板，每一节的得分都在 10 分左右，用自己庞大的阴影牢牢笼罩着骑士，最终大胜晋级。

如今，作为现役仅有的能在运动天赋和攻防能量以及对比赛的影响力上媲美勒布朗的当打球星，霍华德在数年蹉跎之后终于拥有了一个新的平台，他成了亚特兰大的大中锋。我们都知道，他渴望重演 2009 年东部决赛的故事，一个宇宙超人掀翻商业皇帝的故事。在勒布朗开始了对时代的统治之后，他和杜兰特将是冲在最前面的造反者。他们之间，没有任何和解的可能，必将是以生死胜负论结局的一生之敌。

10 詹姆斯 PK 乔治

LEBRON JAMES VS PAUL GEORGE

2012/2013 赛季，乔治最终的数据停留在 17.4 分 7.6 个篮板 4.1 次助攻，季后赛则是场均“19+7+5”，然后就有了休赛期的五年 9000 万大合同。2012/2013 赛季对乔治而言，就是这么个发现自己潜能的旅程。他被迫承担了许多超乎他能力的任务，但居然不负众望且远超预期。

与前一个时代的王牌侧翼格兰杰相比，乔治的进攻招式的确还处于小儿科阶段，但他已经露出了全能战士的雏形。

2012/2013 赛季场均贡献 17 分、7 个篮板、4 次助攻的只有四位，除了乔治之外，其他的三位詹姆斯、杜兰特和史密斯都是货真价实的超级多面手。事实上，他每年的进步都绕不开詹姆斯。后者是他前进路上最好的参照物，2012 年系列赛步行者对上热火，乔治场均 10 分、2 次失误，37% 的命中率惨不忍睹，第一次与詹姆斯交手，他还像个花痴球迷，只会盯着对方傻笑。重温了几遍录像，乔治自己都忍受不了这样蛋疼的表现。

即便如此，霍林格去灰熊上任之前还是看好乔治：“这孩子有令人兴奋的未来，可以控球和投篮的高大侧翼，主要障碍是侵略性和持球决策。”后来的故事无须赘述，乔治入选了全明星，拿到 MIP（最快进步球员），入选第三阵容和第二防守阵容，一路杀到东决，和热火鏖战 7 场， 场均 19.4 分 6 个篮板 5.1 次助攻，詹姆斯也忍不住点头称赞：“这小子进入了新的境界。”

2014 年东部决赛，又是一个 4-2，乔治和他的步行者还是没能阻挡詹姆斯在东部的强大的统治力，连续三年倒在了热火的铁骑之下。但此时的乔治俨然一副大将风范，步行者的复兴近在眼前。

然而 2014 年的夏天却让人无法忘却，乔治在“梦之队”的一次对抗赛中惨遭让人不忍直视的断腿噩运。詹姆斯率领热火在冲击三连冠未果后，做出了“回家”的决定。

2015/2016 赛季，昔日“6PK24”的戏码已升级为“23PK13”的大戏，乔治场均砍下 23.1 分 7 个篮板和 4.1 次助攻，这对于一位刚刚从大伤中恢复过来的球员是一份完美的成绩单。

詹姆斯场均则得到 25.3 分 7.4 个篮板以及 6.8 次助攻。即使是 32 岁的詹姆斯在数据方面依旧全面压制保罗 乔治，似乎是乔治要如同安东尼似的一直生活在詹姆斯的阴影下，其实不然，乔治的大局观和球商在稳步地提升，詹姆斯虽然身体已不及巅峰水平，但球技和经验却达到了空前的高度。东部两位顶级的小前锋总要有着一番龙争虎斗，是“皇帝”依旧统治王者秩序，还是新锐颠覆皇权，我们拭目以待他们的对决大戏。

THERMA-FIT

皇家履型

LeBron James

1988–2017/SHOES

詹 姆 斯 战 靴 全 解 析

皇帝战靴史

LeBron James

伴随着处子赛季的开幕，NIKE 为詹姆斯打造的 Air Zoom LeBron 1 也亮相了。Air Zoom Generation，预示着一个新的球鞋系列，一个新的王者，一个新的时代的到来。

此后，NIKE 陆续推出 Air Zoom LeBron Ⅱ、Ⅲ、Ⅳ、Ⅴ、Ⅵ，詹姆斯也在赛场上不断地惊艳着人们的眼球，全明星首发、东部冠军、总决赛、得分王、常规赛 MVP……

2009 年 8 月 8 日，NIKE 公司在詹姆斯的家乡——俄亥俄州阿克伦城举行全球媒体峰会，隆重推出詹姆斯第 7 代战靴 Air Max LeBron VII，这款球鞋是勒布朗·詹姆斯签名鞋系列之中最具创新性的新款篮球鞋，标志着勒布朗专属战靴进入一个新的时代。

2010 年 4 月，外界都在关注詹姆斯赛季结束后作为自由球员将何去何从，事实上他在球鞋厂商眼里同样也是自由球员的角色，在过去的 7 年时间里，NIKE 为“小皇帝”送出的代言加上奖金费用超过了 1 亿美元，他与 NIKE 的 7 年球鞋合同即将到期。

不过，相比于扑朔迷离的 NBA 自由市场，詹姆斯球鞋合同的争夺则简单得多，NIKE 没有给其他厂商任何机会，提前与詹姆斯完成续约，参照詹姆斯在 NBA 如日中天的地位，合同的总额肯定突破 1 亿美元大关。

2012 年，詹姆斯的 NIKE 签名球鞋卖了 3 亿美元，相比 2011 年，销售额的涨幅高达 50%。这使得他毫无疑问地成为 2012 年球鞋卖得最好的 NBA 球员。

为什么詹姆斯的球鞋如此受欢迎，随着詹姆斯在球场上的表现大放异彩，他的霸主地位也逐渐攀升。媒体极高的关注度，让詹姆斯的球鞋销量大幅度上涨。

2013 年，如日中天的詹姆斯依旧不可阻挡，个人第四座常规赛 MVP，总决赛两连冠，蝉联总决赛 MVP。而在另一个战场上，詹姆斯也是当之无愧的王者，他是 2013 年球鞋销售额最高的球员，达到 3 亿美元，与 2012 年基本持平。排在球鞋销售榜第二的是杜兰特 1.75 亿美元，科比第三，5000 万美元。

2013 年 11 月，NIKE 正式推出第 11 代詹姆斯战靴 Nike LeBron XI，外形设计上延续詹姆斯 10 代的硬朗线条，新材料的运用使得棱角更分明，更加霸气。配备新一代 Dynamic Flywire 动态飞线和 Hyperfuse 轻质透气鞋面，Phylon 升级为 Lunarlon 中底承载全掌 Zoom Air 缓震气垫，最大的惊喜是加入了 Armorposite“盔甲”材质，简直是 NIKE 顶尖科技的集合体，彻底巩固了詹姆斯系列作为 NIKE 顶尖战靴的霸主地位。

从家乡阿克伦到如今的迈阿密。詹姆斯一路走来，脚下的每一款战靴，都是“皇帝”征服天下的利器，在这个过程中，有成功、有失败、有挫折、有辉煌，但必将成为一代传奇。

皇者之履
Zoom Lebron

Air Zoom 是 NIKE 公司研究发明的一种超薄、超轻的气垫技术，用这种技术制造的气垫被广泛运用在该公司设计的各种篮球鞋，与 Max Air,Air–Sole 相比，这种气垫显得较硬，但同时也提供了更好的弹性，能够为穿着者提供更佳的反应，在篮球鞋上装备这种气垫的鞋子通常提供给后卫以及一些小前锋。

01 NIKE AIR ZOOM GENERATION Ⅰ

这是“小皇帝”第一双签名球鞋，整双鞋的设计灵感来源于他钟爱的悍马车，球鞋的设计恰似这辆悍马透着强悍！Air Zoom Generation 有自己独创的设计，它是第一双使用了 Sphere 材料内靴的篮球鞋。前掌 Zoom Air+ 后掌 Air Sole 的组合让整款鞋的缓震性俱佳。

这款詹姆斯第一代签名球鞋，不知道在若干年后能否像乔丹一代那样同样经典，我们值得期待。

02 NIKE AIR ZOOM LEBRON Ⅱ

激光花纹赋予LeBron2灵魂Air Zoom LeBron 2一个新的球鞋系列，一个新的王者，一个新的时代的到来。“小皇帝”将挑起NIKE市场引领者的旗帜。整双鞋秉承1代球鞋Old School的气息，同样将霸道怪力作为了球鞋释放的主题，鞋面以结实的尼龙布与皮革拼接而成，在稳定性和保护性上做到了最好的同时也提供了良好的透气性。此次在鞋帮处添加了可拆卸的魔术贴，鞋帮外侧部分使用Laser激光雕刻技术，一只狮头似乎正标志了国王的权威。重新改良后的外露可见式Zoom Air气垫提供更好的力回馈作用。

03 NIKE AIR ZOOM LEBRON Ⅲ

这是一双充满故事的球鞋，Air Zoom LeBron 3将狮王的灵魂镶嵌在了球鞋上，将帝王的故事正式开始抒写。3代沿用了2代的Zoom Air和Pebax的外包处理，也随着詹姆斯个人的需求将Zoom Air做薄，以提供大体重下更好的力回馈作用。从前脚掌一直到后跟的大包围式TPU，在提供保护性的同时也给了球鞋一种霸气的定位，鞋带系统部分类似当年Air Jordan 11，使其包裹性更佳。Fastlace式的金属鞋扣也首度装载在“小皇帝”的武器上。Air Zoom LeBron 3的多配色主题更是揭开了LeBron系列大打文化牌的大幕，令人过目难忘的Family套装成为当年最具话题的收藏，如此“不务正业”的“小皇帝”驾驭着Air Zoom LeBron 3如释重负地每场平均创下了31.4分的职业生涯最高纪录。同时，詹姆斯在2006年的休斯顿全明星赛上踏着这款鞋，拿下了职业生涯的第一座全明星MVP 。这就是Nike Zoom LeBron 3，它让“小皇”帝在那个赛季变得越发强大。

04 NIKE AIR ZOOM LEBRON Ⅳ

这代鞋子的外观极为独特，外形酷似盔甲的Air Zoom LeBron3，看上去颇有神秘色彩。大胆奔放的设计让整双鞋霸气十足。Foamposite技术的运用，更是让这款鞋的科技含量再上一个台阶。

在有文艺范儿的人眼里，这双鞋子看上去就像古罗马角斗士脚上的战靴，而在一般人眼里，整双鞋更像外来战士的化身，强悍并酷劲儿知足。鞋面采用FoampositeM发泡技术使其穿着者带来无与伦比的舒适感，同时提供前所未有的全方位保护。中底分割设计则大大增加了足部的灵活性。整掌式碳素纤维板设计给双脚带来了最佳的稳定。全掌式Zoom气垫，全鞋Foam一体成型的鞋面，全包裹式的一体化Fit内靴，再加上数不清的球鞋配色，Air Zoom LeBron 4绝对是球鞋当中最具观赏性和话题性的球靴。

05 NIKE AIR ZOOM LEBRON V

如果说 Air Zoom LeBron 4的Foamposite技术让鞋的科技含量提升了一个档次的话，那么 Air Zoom LeBron 5 则是在细节上面做足了功夫。整双鞋的设计可谓独具匠心，镂空的保护拉带在篮球鞋当中实属罕见，此保护带由人造轻质皮革压制而成，减少整支鞋的重量的同时也没有降低对脚面的保护。鞋舌的狮头设计别有特色，整支狮头设计成了一个透气窗。让备受透气诟病的 Zoom LeBron 系列在这方面得到很大改进。鞋底更是整双鞋的一大亮点，设计师将詹姆斯的家乡阿克伦城的地图印在了鞋底，这表明家乡是勒布朗心灵的归属，穿上这双鞋的詹姆斯带上这种心灵思绪心中便斗志昂扬。

特别链接: Air Max 360

“将创新和灵感带给世界上的每一位运动员”是耐克的宣言。2006 年初，Air Max 360 技术的问世使得 NIKE 的创新迈入了一个崭新的时代，360 度全气垫技术将 NIKE 的气垫技术推向了顶端。2006 年秋季，NIKE 再次出击，将这一技术广泛运用，不断拓展，在篮球鞋中注入了 Air Max 360 技术的精髓，詹姆斯战靴也进入新的时代。

06 NIKE AIR ZOOM LEBRON VI

相比 Air Zoom LeBron 5 花哨的外观，Air Zoom LeBron 6 在外观上则走的是简约路线，大气的流线型设计让整双鞋看上去颇有 Nike Air Force 影子。简洁的设计并未影响到 Air Zoom LeBron 6 的科技含量，没有夸张的漆皮鞋面，没有盔甲护身，但全掌 Zoom Air 加上后跟 Zoom Air，“双 Zoom Air”的设计成为了 Air Zoom LeBron 6 最大的亮点。让球员在跳跃时得到完美保护，为历代詹姆斯专属鞋款中最轻鞋款。这款球鞋采用碳纤维的后跟垫片提供绝佳稳定性，侧边皮革搭配透气鞋舌，及适合篮球运动中转移的 Phylon 双密度中底设计，将避震效果达到最大。当速度遇上力量，Air Zoom LeBron 6 是专为追求卓越表现，兼备速度与力量的詹姆斯设计的全能鞋款。Air Zoom LeBron 6 被称为詹姆斯的第一双金牌球鞋，詹姆斯正是踏着这款战靴在 2008 年北京奥运会帮助“梦八队”获得了全牌。

07 NIKE AIR MAX LEBRON Ⅶ

前六代的 Air Zoom LeBron 系列均采用的 Zoom 科技的缓震技术，而到了 LeBron7，缓震技术则有了革命性的突破，Air Max 首次运用到 LeBron7 当中，这使得这款鞋的缓震技术有了质的飞跃。

这款球鞋是勒布朗·詹姆斯签名鞋系列之中最具创新性的新款篮球鞋 Air Max LeBron 7 篮球鞋旨在提供最大的舒适性和稳定性，球鞋采用了 NIKE 公司最先推出的创新缓震技术——专为篮球运动设计全掌 Max Air 气垫单元。与以前的专业篮球鞋相比，新款球鞋鞋面的 Flywire 技术采用了具有更高抗张强度的纤维，能够更好地帮助球员应对高强度的比赛对抗。整双鞋在细节上也是做足了功夫，细节的亮点出现在这款鞋的外底，设计师在外地设计了一个 3D 的密钥，微微旋转球鞋就能在密钥上呈现出詹姆斯的个人信条：激情、无畏、传统、社区、家庭、忠诚以及有关詹姆斯生活的其他密钥。如此精心的设计足以看出设计师的用心。詹姆斯也没有辜负设计师为他精心设计的鞋款，穿上这款鞋的他在赛场上屡创新高。

08 NIKE AIR MAX LEBRON Ⅷ

Nike Air Max LeBron 8 同时也是詹姆斯加盟热火后的第一双签名鞋，霸气的外观设计，改良全掌 Max 气垫，可靠的保护，用料充足，做工精美，延续了詹姆斯球鞋系列一贯的稳固和实用。

外观是这双鞋给人们第一眼最深的印象，通透的 Air Max 中底、硕大的 Swoosh 标志、倾斜式鞋帮，LeBron 8 的外观有不少地方都体现了与 LeBron7 的延续性，由于詹姆斯转会热火后选用了 6 号球衣，经典的 LBJ23 标志在 LeBron 8 身上彻底绝迹。鞋舌上的狮子 Logo 依然在提醒我们："嘿，这是 King James 的战靴。"

LeBron 8 的缓震感受要比 7 好上不少，Air Max 360 气垫有了"软"的感觉，虽然体重较轻的人要想驾驭 360 气垫还是有一点儿吃力，但当你与鞋子度过了短暂的磨合期后，Air Max 360 绝对会回报你的耐性，它能在你起跳落地时提供一种强韧的缓冲感受。说实话，虽然 LeBron 8 的 Air Max360 气垫的确没有 Zoom 来得柔软，但它强而有力的缓震恢复感相当令人惊讶。

09 NIKE AIR MAX LEBRON IX

每一款 LeBron 签名鞋可以说是将 NIKE 篮球鞋的主要科技集于一身，这充分诠释了詹姆斯全能型球员的风格，Air Max LeBron 9 也是如此。

勒布朗·詹姆斯亲自参与了这款鞋子的设计，根据詹姆斯本人意见，这款鞋首次将 Flywire 飞线技术与 Hyperfuse 结构结合在一起。Hyperfuse 结构的增加大大增强了球鞋的整体透气性和耐磨性，使这款鞋的寿命得以延长。该结构是三种不同材料层融合而成的合成材料，打造出近乎无缝的一体式鞋面，减轻球鞋重量的同时，又不失保护性。紧紧环绕脚部的中底装备融合了 Flywire 飞线 3.0 技术，使整双鞋的支撑性有了质的飞跃。该轻质鞋面是詹姆斯在赛场上速度和力量的象征。

设计师在缓震方面则是考虑得更加周全，Max Air180 单元至于后掌，Nike Zoom 单元至于前掌。两种缓震技术相结合使得 Air Max LeBron 9 可以让更多位置的球员驾驭它。

10 NIKE AIR MAX LEBRON X

从 2003 年进入联盟的那个菜鸟青年，到如今球队的绝对领袖，詹姆斯的进步可谓神速。正像他脚下的战靴一样，从第一代到第十代，每一款都在进步，每一款都能给人们惊喜。正如 LeBron10 的出现，它让人们感觉到了原来篮球鞋可以设计得如此美丽。

当你第一眼看到 LeBron10 的时候，你就会不由自主地惊叹：原来篮球鞋可以设计得如此美丽，整双鞋的色彩简直是闪耀夺目。这款鞋采用了钻石切割的设计理念，使得整双鞋的鞋面充满了钻石切割的味道。因此，钻石成为 LeBron10 设计上最大的话题。

炫目的外观设计并没有让这双鞋的科技含量因此成为噱头，Flywire 动态飞线技术加上 Hyperfuse 的相结合再次运用到这款鞋的当中，使得鞋的整体依然保持了良好的透气性和稳定性。缓震方面则是采用了可视性的全掌 Nike Zoom Max 气垫，这样的设计让气垫整体既拥有了 Max Air 的大体积的气体容量，又拥有了 Zoom Air 灵敏的弹性，这样的设计可谓一举两得。

11 NIKE LEBRON XI

LeBron 11 可以说是配上了 Nike 最新最强的科技元素，完美地配合了詹姆斯力量与速度兼备的球风。作为迄今为止最轻的一双勒布朗战靴，LeBron 11 兼具力量与精准双重特点，鞋面运用 Nike Hyperfuse 构造和动态飞线技术，提供动态贴合和完美锁定，帮助他在比赛中运动自如。同时采用全掌 Lunarlon 缓震配以 Nike Zoom 单元，LeBron 11 令詹姆斯的脚部更贴近地面，助他随时感应球场变化，这也是勒布朗战靴首次配备这两种技术组合。LeBron 11 的设计灵感参考了超级英雄 Iron Man，故此鞋面像盔甲一样，配合 Hyperposite 物料，令球鞋有很重的科幻感。

Lebron 11 Elite Gold 的全新配色让我们眼前一亮，这个系列是专为极具冠军气质的詹姆斯而特别打造的。为了符合詹姆斯这位具有统治地位的 MVP 和总冠军，这款鞋子的设计牢固而富有光泽，鞋身以黑色为主色调，辅以金色点缀。这双鞋也代表了 LeBron 11 的又一次进化，采用更低的鞋帮和新的铰接式鞋面。Hyperposite 保护层搭配嵌有动态飞线技术的鞋面，与 Lunarlon 泡棉搭配 Nike Zoom 气垫单元中底的组合，使球鞋的性能得到最大化。

LeBron 11 Elite 的英雄系列配色以镭射红为主色调，这款鞋子是专为詹姆斯的比赛而打造的。更低帮以及全新铰链式外笼设计能够确保在激烈征战也能为詹姆斯带来完美的包覆性，极具保护性的 Hyperposite、动态飞线、Lunarlon 缓震科技以及 Nike Zoom 缓震单元的强大组合让詹姆斯充分发挥了他的实力。

LeBron 11 Elite Team 是一款轻质、时尚且牢固的球鞋，为了比赛而诞生，拥有极富力量的球风，还能承受詹姆斯的扭转力以及压力，并保证了透气性，完美地贴合詹姆斯的球风，更低的鞋帮以及全新铰链式外笼设计表示着 LeBron 11 的再次进步。鞋身 Hyperposite 与动态飞线的组合能为詹姆斯带来保护作用，而 Lunarlon 以及 Nike Zoom 缓震单元的组合则让詹姆斯更加自信。

LeBron 11 Elite Hero

LeBron 11 Elite Team

LeBron 11 Elite Gold

12 NIKE LEBRON XII

詹姆斯在最高水平的篮球赛场上展示了非凡的综合实力，包括力量、视野、效率和爆发速度。他卓越超群的综合能力，决定了需要根据其多维比赛参数的球鞋创新需求。

Lebron 12 的设计在增强詹姆斯的爆发力的同时，将以下三种关键优势结合在一起：出色的缓震系统、安全稳固的支撑力和自如的灵活性。

NIKE 运动研究实验室为耐克篮球的设计团队提供了有关运动表现和科学测试的深度分析。Lebron 12 就诞生于该实验室，在这里，科学数据和分析充分体现了对新一代缓震系统、支撑力和灵活性的需求。

这个以科学为主导的设计理念力求从最大限度上满足詹姆斯的需求，同时也考虑了世界各地运动员的不同需求。主打配色 Lebron 12 NSRL 的灵感来源于 NIKE 运动研究实验室中开启的新鞋款的创新。

在 Lebron 12 的外底中有五个可视六边形 Nike Zoom 气垫，在增强每一步爆发力的同时，促进自然律动。Nike Zoom 气垫提供了其 1995 年被首次运用于篮球鞋时同样出色的缓震效果。现在，这些 Nike Zoom 气垫根据篮球运动表现的需要分布于足部多个最为重要的压力点上。

为配合鞋底，Lebron 12 采用了轻

质、透气的 Megafuse 鞋面，它就像足部的第二层皮肤一样，最大限度地减轻了球鞋的重量，并增加了透气性和舒适性。

詹姆斯每场比赛的跑动距离大约是三英里（约 4828 米），一般来说，篮球球员在这段距离内会做大约 1000 次的变向，这就需要具有支撑力强、舒适的鞋子来承受巨大的冲击和扭转。动态飞线（Dynamic Flywire）为詹姆斯无与伦比的速度和力量提供了锁定支撑。鞋面的构造精准贴合，加上 Hyperposite 侧翼提供了有针对性的支撑和保护。

13 NIKE LEBRON XIII

2015 年 9 月 28 日，詹姆斯发布了他的全新战靴，Nike Lebron 13，将锁定贴合和动态缓震合而为一，与他的力量和速度相得益彰。Lebron 13 的设计体现了詹姆斯与故乡俄亥俄州阿克伦市的渊源。每款配色都有独特而鲜明的元素，分布于球鞋的五个部位——鞋舌顶部、鞋舌装饰、鞋跟标签、NIKE 品牌标志和鞋跟内侧。每款配色都通过外底材质及位于鞋头和鞋跟标签上的詹姆斯个人标志等特别细节，向詹姆斯致敬。

Lebron 13 强劲的三项性能优势体现为：

1. 透气、如袜子般贴合带来灵活性和锁定性；透气网眼鞋面包裹住足部，Flywire 飞线科技提供了自然动态的而适应性良好的贴合以及出色的锁定。

2. Hyperposite 材质提供分区冲击保护，中足和鞋领上的 Hyperposite 材质足以适应詹姆斯在最快速度时的强大扭矩。Hyperposite 材质包裹脚背，在保持灵活性和提供保护的同时，增强了耐用性和支撑性。鞋面上的非对称鞋带系统增强了锁定性和足部控制。

3. Nike Zoom Air 气垫缓震单元实现爆发力的最大化，从 1995 年借由 Nike Air Go LWP 完成篮球场上的首次亮相以来，Zoom Air 为篮球运动中的移动和对抗提供了卓越的缓震和爆发力。对于詹姆斯这样的运动员来说，他整个赛季在球场上的跑动距离相当于 12 个马拉松。他的篮球鞋必须具备卓越的缓震表现并足够舒适。此外，Lebron 13 还对在 Lebron 12 中首次采用的六边形 Nike Zoom Air 气垫单元的尺寸和位置进行了升级。

BACARDI
JEFFERSON
25
CHARLOTTE
40

30大经典战

1988-2017/CLASSIC GAME

LeBron James

詹 姆 斯 生 涯 最 强 名 战 录

LEBRON JAMES 1

皇帝首秀

小皇帝首战显全能巨星本色

在万众瞩目中“小皇帝”的NBA首秀异常惊艳！砍下25分9次助攻6个篮板4次抢断的巨星数据，要知道“篮球之神”乔丹的NBA首秀也只有16分，勒布朗由此开启超神之旅。

2003年10月30日，骑士客场挑战国王，这也是詹姆斯在NBA的首秀。此役他表现出色，全场砍下25分9次助攻6个篮板4次抢断，国王发挥了整体优势，全队六人得分上双，最终骑士92-106憾负对手。

作为新秀，年仅18岁的詹姆斯没有胆怯，20投12中高达60%的命中率震惊全场。身为2003年新科状元，詹姆斯充分体现了自身价值，也赢得了对手的高度赞赏。第一场比赛就打出25分5个篮板5次助攻的超级数据，“小皇帝”的首秀堪称完美。

LEBRON JAMES 2

三双先生

全能帝晋升最年轻三双先生

詹姆斯在骑士队一共砍下34次三双（其中包括季后赛6次），仅次于三双王基德的105次，排名现役球员第二位。詹姆斯进入NBA，就注定了有着太多的纪录要被这位天才所改写，或许他正在创造属于自己的时代。

2005年1月20日，骑士客场对阵开拓者。此役詹姆斯全场拿下27分，11个篮板和10次助攻，率领球队107-101战胜开拓者，这是詹姆斯的第一个三双，20岁零20天的他超越此前三双最年轻纪录保持者奥多姆（20岁54天），成为联盟史上最年轻的三双球员。

LEBRON JAMES 3

屠龙宝刀

独砍56分晋升最年轻50+先生

20岁80天的詹姆斯，超越里克·巴里此前创造50+纪录时的21岁261天，成为NBA史上砍下50分最年轻的球员。

2005年3月21日，骑士客场挑战猛龙，这也是詹姆斯与波什两位“03白金一代”之间的对话。“小皇帝”在本场的发挥有如神助，全场36投18中砍下56分10个篮板和5次助攻，但队友的无作为葬送了“小皇帝”的传奇表演，最终猛龙凭借多点开花以105-98赢得胜利。虽然骑士宣告失利，却阻止不了詹姆斯所创造的精彩。

LEBRON JAMES 4

否定真理

皇帝与真理的最强对决

东部最强小前锋的巅峰对决，詹姆斯与皮尔斯杀得天昏地暗，日月无光，最后是“皇权至上，否定真理”！勒布朗率队赢得胜利！

第二个加时赛最后 1 分钟，詹姆斯迫使皮尔斯六犯离场，并包揽最后的 3 分锁定胜局。

2006 年 2 月 16 日，詹姆斯和皮尔斯上演了一场酣畅淋漓地飙分大战。虽然皮尔斯 36 投 17 中，拿下职业生涯最高的 50 分，但凭借詹姆斯的 43 分、12 个篮板、11 次助攻和 4 次盖帽的豪华数据，骑士历经两个加时赛以 113-109 击败凯尔特人。

LEBRON JAMES 5

星中之星

星耀休城的最年轻全明星 MVP

虽然麦迪砍下全场最高的 36 分，但詹姆斯似乎忘记特雷西东道主身份，他认真的态度让麦迪与职业生涯距离最近的一个 MVP 失之交臂。

2006 年 2 月 19 日，休斯敦全明星赛，詹姆斯第三节接管比赛之前，带领球队打出了一个 10-0，并让东部明星队在落后 21 分的情况下追上了比分。最终东部队翻盘成功，以 122-120 击败西部队。詹姆斯全场 21 投 10 中，三分球 10 投 4 中，独得 29 分 6 个篮板，以 21 岁 51 天成为全明星历史上最年轻的 MVP。

LEBRON JAMES 6

双雄对战

钢铁侠与闪电侠的旷世之战

这场没有失败者的比赛，注定要载入史册，当巅峰时代的詹姆斯与韦德作为对手同场竞技时，总能打出势均力敌、赏心悦目的旷世对决，诠释了比赛的精彩所在。

2006年4月2日，骑士以106-99战胜热火，詹姆斯与韦德的对决简直就是伯德和威尔金斯的巅峰重现。两个人在第四节互相攻守，势均力敌。同为“03白金一代”的翘楚，二人联袂上演了一场震撼人心的飙分战，不可否认这是MVP级别的抗衡，让人看得目瞪口呆。

詹姆斯全场25投16中砍下47分12个篮板和10次助攻。韦德全场36投18中得到44分，另外还有8个篮板和9次助攻。韦德在第四节得到21分，詹姆斯得到18分。并在比赛结束前1分13秒大力扣篮，骑士以101-99领先，并奠定胜局。

CLEVELAND
23

LEBRON JAMES 7

过关斩将

击败大将军的天王山诛心战

最后时刻詹姆斯对阿里纳斯的几句耳语，致使后者罚球不中，从而丢掉了胜局。由此可见詹姆斯也明白欲杀人先诛心的道理。

2006年5月6日，骑士客场挑战奇才队，只需再一场的胜利就可以晋级季后赛第二轮的骑士显然不愿放弃这个机会，而奇才队则已经到了“赢or回家”的地步，双方在比赛中都争夺得非常激烈。詹姆斯在整个系列赛中已经完成2次绝杀，而他和奇才队的阿里纳斯之间的争斗也进入了白热化阶段。

在天王山之战中，双方都表现出了较高的水准，詹姆斯全场砍下32分7个篮板7次助攻，队友马绍尔也发挥出色，得到28分7个篮板。另一方，“0号特工”阿里纳斯得到36分11次助攻5个篮板，表现毫不逊色于“小皇帝”，更是凭借终场前的一记三分将双方送入加时。

对于天王山之战二人都不敢放松，进入加时之后继续呈现对飙之势，二人连续得分一直将分差稳定在1分。关键时刻凭借詹姆斯在突破后助攻达蒙·琼斯完成空位绝杀，骑士114-113险胜奇才，总比分4比2晋级半决赛。本场最后时刻小皇帝充分展现了绝对的领袖气质，正是他的合理分球，帮助球队逆转取胜，拿下了关键的天王山之战。

LEBRON JAMES 8

单挑活塞

东部决赛连得25分攻陷奥本山

东部决赛，面对常规赛场均失分91.8分的豪强、奥本山宫殿的主人——底特律活塞，詹姆斯连取25分，足以书写历史。

勒布朗拿下自己季后赛最高分48分，并包揽了球队最后30分的29分，包括连得25分。他在两个加时赛中几乎百发百中，只有一次投篮不中。其余进攻全部以得分或犯规终结。这是“小皇帝”职业生涯中最伟大的比赛，甚至比他进入总决赛还伟大。

2007年6月2日，东部决赛第五场骑士客场挑战活塞，此前骑士在0比2落后的局面下，将大比分扳成2比2，本场对两队意味着天王山之战。此役詹姆斯异常神勇，全场33投18中砍下48分，其中最后阶段，更是一人包办球队30分中的29分，并奉献2.2秒绝杀。最终骑士经过双加时以109-107赢得胜利，这也堪称詹姆斯季后赛生涯迄今最完美表现。面对“小皇帝”的突然爆发，对手束手无策，这场失利使得活塞备受打击，此后骑士一鼓作气赢下第六场，进入总决赛。

“这场失利让我们有种前所未有的挫败感。詹姆斯打出了一场不可思议的比赛。”活塞队主将比卢普斯沮丧地说。

活塞队认为看住詹姆斯就万事OK了，结果，勒布朗让世界知道，他是不可阻挡的。在最后关键时刻，活塞谁都无法得分的时候，勒布朗创纪录地连拿了25分，活塞对这样的表现只能俯首称臣了。

从某个层面上说，詹姆斯此战的超强表现终结了活塞王朝，正是因为勒布朗的连连得分令活塞暴露出“锋无力”的窘境。底特律人从此下定决心，打造进攻之刃，不惜用“王朝基石”比卢普斯换“得分王”艾弗森，从此那个以铁血防守著称的活塞王朝绝迹江湖。

LEBRON JAMES 9

对决科比

紫金之巅 23PK24 的华丽对撼

詹姆斯砍下高分，科比打出了全面的数据，但无论如何，球队的胜利才是王道，詹姆斯是这场对决的赢家。

2008 年 1 月 28 日，骑士做客洛杉矶。两位联盟中最好球员的碰撞擦出激烈火花。开场后两队比分一直僵持，最大领先优势都不过 5 分。直到骑士打出一波 19–9 的高潮后，才将分差拉开。半场结束，骑士以 49–40 领先。下半场湖人开始疯狂反扑，在第三节开端打出了 15–2 的攻击波。在第四节最后关头，凭借詹姆斯的两记关键罚球，才为骑士保住了这场胜利，骑士 98–95 险胜湖人。

詹姆斯全场 32 投 16 中，贡献 41 分 9 个篮板以及 4 次助攻，科比 21 投 10 中拿下 33 分 12 个篮板和 6 次助攻。联盟中最好的两位巨星华丽对轰，联袂奉献最为精彩的比赛。

LEBRON JAMES 10

圣地征服

麦迪逊花园里的超级准三双

此前科比用61分刚刚狂戮过的麦迪逊又迎来另一位大杀神。与“小飞侠”偏执于得分不同，“小皇帝”用更全面的表现征服篮球圣地，此役詹姆斯全场33投17中、19罚16中，狂砍52分11次助攻10个篮板的大号三双。

虽然最终在得分上没有超过科比的61分，但詹姆斯完成了超级准三双的数据 52分、9个篮板和11次助攻，这足以媲美科比的表演。

2009年2月5日，骑士客场107-102战胜尼克斯，詹姆斯疯狂砍下52分、9个篮板、11次助攻的超级准三双数据，成为历史上第一位在麦迪逊花园广场完成此项神迹的球员。

LEBRON JAMES 11

绝杀魔术

东部之巅的三分压哨绝杀

对于克利夫兰人来说，这是一个足以将他们从当年乔丹在伊洛头上停留若干秒后完成绝杀的阴影中解脱出来的历史性投射。“迈克尔已经退役了，”詹姆斯赛后豪情万丈，“现在的联盟，是另一个23号的。”

2009年5月23日，骑士和魔术的东部决赛第二场。此前魔术以1比0领先，本场对于主场作战的骑士不容有失。詹姆斯在距离全场比赛结束只剩不到1秒钟的时候投中压哨三分球，使骑士以96-95险胜魔术。在勒布朗三分出手的那一刻，速贷球馆的空气仿佛凝固，而之后便是万众齐声地怒吼庆祝。

特科格鲁之前的表演几乎已经决定了比赛胜负。他在终场前1秒投中了一记神奇的2分球。95-93，留给骑士的比赛时间只有最后一秒，但就是这一秒钟，詹姆斯创造了奇迹。这毫无疑问是他职业生涯至今最伟大的投射。

十 高光解码：天王山之耀

●**神迹重现：**詹姆斯在生死战中砍下45分、15个篮板和5次助攻，根据ESPN的统计，45+15+5这样的数据，仅仅是NBA历史上季后赛的第二次。1964年季后赛，威尔特·张伯伦在对阵圣路易斯老鹰的时候，曾经拿到过50分、15个篮板和6次助攻。一直到48年后，神迹才得以重现。

●**半场30分：**在上半场，詹姆斯就14投12中拿到了30分。全场比赛，詹姆斯26投19中，命中率达到73.1%，是詹姆斯个人职业生涯的季后赛纪录，也是NBA季后赛历史上第二高的单场投篮命中率。

LEBRON JAMES 12

人生决战

2012年东部决赛第六战

对于身经百战的詹姆斯而言，这一战应该是他职业生涯最为关键的一战。

2-3落后于夙敌凯尔特人，背临深渊，如果再负，那么詹姆斯依然无冠，而“热火三巨头”也可能解体，迈阿密聚义也成为一纸笑谈。詹姆斯的职业生涯将被打上“失败者”的烙印，放逐天涯。

命运拐点，全系此战，而横亘在他面前的依旧是强大的凯尔特人，那个命中注定的死敌！

最险恶的境地，最老辣的对手，最危急的关头……也迸发出最恐怖的能量！所以，在“绿衫军”的地盘，我们看到面沉如水、杀气弥天的詹姆斯，那个半场砍下30分，以一己之力摧毁强大的“绿衫军”，在TD北岸花园，横扫六合、霸绝天下、天命所归、舍我其谁的那个迈阿密“皇帝”，如神降临！

巨星之所以伟大，就是在人生最关键的那几战中，战胜对手，成就自己。很显然詹姆斯赢得了人生的“天王山之战”，从此后，登顶天下，一路凯旋。

值得一提的是，詹姆斯此战不仅令自己的皇者之路步入正轨，也摧毁了强盛一时的凯尔特人，从此，波士顿“三巨头”解组，绿衫王朝分崩离析。

2012年6月7日，东部决赛第六场，在决定人生的这一战中，詹姆斯用疯狂进攻撕碎凯尔特人的防线。半场30分，全场砍下45分15个篮板，詹姆斯率领热火客场98-79大胜凯尔特人。

詹姆斯用恐怖火力扫平障碍，完成了巨星向超级巨星的华丽蜕变。45分15个篮板5次助攻，除了詹姆斯，季后赛历史上拿到这样数据的只有张伯伦。此前26年季后赛仅奥拉朱旺、奥尼尔、科比和霍华德单场拿到45分以及15个篮板。不过詹姆斯73.1%的投篮命中率是其中最高的。

LEBRON JAMES 13

新皇登基

勒布朗完美三双终夺生涯首冠

只有经历地狱般的磨炼，才能锻造出创造天堂的力量，经历2011年总决赛的失利，勒布朗变得更加成熟。“去年的失败，让我更加谦虚。让我明白想要拿到总冠军，我必须做得更好。”季后赛中，勒布朗彻底升华，一路走来，无论是面对安东尼、格兰杰、皮尔斯还是杜兰特，他的表现都无可挑剔。

2012年6月22日，总决赛第五战，热火121-106兵不血刃战胜雷霆，成功夺得总冠军。詹姆斯此役砍下26分11个篮板13次助攻，用一场完美的三双表演为梦想祭旗。总决赛五场比赛，他场均贡献28.6分10.2个篮板7.4次助攻1.6次抢断，投篮命中率高达50.1%。表现无可挑剔，用几乎场均三双的数据，众望所归地拿下了总决赛MVP，并成为十年内第一位将总决赛MVP和常规赛MVP揽于一身的球员。破咒重生的“小皇帝”在整个系列赛中写下神迹无数，最重要的是他终于完成了自己的冠军梦。

LEBRON JAMES 14

奥运夺金

2012年伦敦奥运蝉联金牌

场均13.2分、5.6个篮板、5.6次助攻，詹姆斯在伦敦奥运会上的数据远称不上华丽，然而美国队需要他以一己之力打破僵局时，他从未手软，危急时刻方显英雄本色。

与其他美国球员不同，詹姆斯曾经历过美国篮球低潮。2004年作为菜鸟的他在雅典眼睁睁地看着“梦六队”跌落神坛。然而独具慧眼的“老K”告诉詹姆斯，美国队在FIBA上的救赎之路需要他的鼎力相助。事实上在2008年北京奥运会，詹姆斯在那支救赎之队中起到了至关重要的作用，但他的星光无法彻底压过科比。直到2012年，詹姆斯成为美国队中独一无二的皇者，戴上第二块奥运金牌。

2012年8月12日，美国队以107–100战胜西班牙队获得奥运会金牌，詹姆斯全场得到19分7个篮板4次助攻，奥运会总得分达到273分，超过乔丹的256分，排在“梦之队”总得分榜第二位，排在第一的是马刺传奇巨星大卫·罗宾逊，共拿到280分。詹姆斯还成为历史上第二位在同一年揽得NBA总冠军、常规赛MVP、总决赛MVP和奥运金牌的球员。历史上第一位获此成就的是迈克尔·乔丹（1992年）。

LEBRON JAMES 15

两万分先生

最年轻两万分先生

詹姆斯如天外来客一般降临联盟，用匪夷所思的方式刷新数据，超越纪录自是水到渠成。

2013年1月17日，热火客场以92–75战胜勇士，詹姆斯全场比赛拿到25分、7个篮板和10次助攻，其中在半场结束前的一次急停跳投，使得他职业生涯总得分来到20001分，由此超越科比，成为最年轻20000分先生。詹姆斯拿到20000分是28岁零17天，科比在达到这一成就时是29岁零122天。

除了科比之外，另外两位在30岁前达到这一成就的分别是张伯伦（29岁134天）和乔丹（29岁零326天）。詹姆斯也成为联盟历史上第七快（所用场次）进入20000分俱乐部的球员，詹姆斯在职业生涯第726场常规赛时完成这一壮举。排在之前的分别是张伯伦的499场，乔丹的620场，奥斯卡·罗伯特森的671场，贾巴尔的684场，埃尔金·贝勒的711场，阿伦·艾弗森的713场。

LEBRON JAMES 16

连胜狂潮

缔造联盟第二长的 27 连胜传奇

从 2013 年 2 月 4 日到 2013 年 3 月 26 日，热火取得惊人的 27 连胜，超越了火箭所创造的联盟第二长的 22 连胜，在连胜期间，詹姆斯场均 26.4 分 8 个篮板 7 次助攻，命中率高达 60%。

热火全队打出整体高效的进攻，连胜期间热火场均得到 105.5 分，进攻效率在联盟名列前茅。防守方面，热火采用令人窒息的半场紧逼防守，用迅速的轮换和密不透风的补防封杀对手的外线，造成失误后再用奔雷式的反击击溃对手。

27 连胜中，热会的对手并非都是鱼腩弱旅，其中不乏快船、雷霆、步行者这样的顶级豪强，足以证明热火的 27 连胜的含金量。

热火连胜数据表

场次	时间	比赛	比分
第 1 胜	2013/2/4	客场对猛龙	100–85
第 2 胜	2013/2/5	主场对山猫	99–94
第 3 胜	2013/2/7	主场对火箭	114–108
第 4 胜	2013/2/9	主场对快船	111–89
第 5 胜	2013/2/11	主场对湖人	107–97
第 6 胜	2013/2/13	主场对开拓者	117–104
第 7 胜	2013/2/15	客场对雷霆	110–100
第 8 胜	2013/2/21	客场对老鹰	103–90
第 9 胜	2013/2/22	客场对公牛	86–67
第 10 胜	2013/2/24	客场对 76 人	114–90
第 11 胜	2013/2/25	主场对骑士	109–105
第 12 胜	2013/2/27	主场对国王	141–129
第 13 胜	2013/3/2	主场对灰熊	98–91
第 14 胜	2013/3/4	客场对尼克斯	99–93
第 15 胜	2013/3/5	客场对森林狼	97–81
第 16 胜	2013/3/7	主场对魔术	97–96
第 17 胜	2013/3/9	主场对 76 人	102–93
第 18 胜	2013/3/11	主场对步行者	105–91
第 19 胜	2013/3/13	主场对老鹰	98–81
第 20 胜	2013/3/14	客场对 76 人	98–94
第 21 胜	2013/3/16	客场对雄鹿	107–94
第 22 胜	2013/3/18	主场对猛龙	108–91
第 23 胜	2013/3/19	客场对凯尔特人	105–103
第 24 胜	2013/3/21	客场对骑士	98–95
第 25 胜	2013/3/23	主场对活塞	103–89
第 26 胜	2013/3/25	主场对山猫	109–77
第 27 胜	2013/3/26	客场对魔术	108–94

SPALDING
6
TERRY
4
KYOCERA
NESN
MIAMI
15

LEBRON JAMES 17

颜扣特里

詹姆斯空中接力飞身灌篮

"出来混，迟早要还的"。当年总决赛特里投中三分，在詹姆斯面前喋喋不休时，他就得想到这个下场。"犯我皇威者，虽远必诛"！詹姆斯显然没有忘记那段恩怨，用极具羞辱性颜扣来问候特里，快意恩仇，捍卫皇威！

2013年3月19日，热火客场挑战凯尔特人。特里后场被韦德抢断，独自镇守篮下，热火四人快攻，最终詹姆斯一跃而起，上演一记震撼的空接爆扣，此时跳起防守的特里直接被颜扣倒地。落地后，詹姆斯依然满腔怒火俯瞰特里，用眼神羞辱对手。

詹姆斯事后阐释这记灌篮："我有看过这个扣篮的回放，这是我职业生涯最佳镜头之一。更美妙的是，这次扣篮是发生在特里身上。因为我们都知道特里话太多了。"

LEBRON JAMES 18

压哨绝杀

2.2 秒上篮绝杀步行者

2013年5月23日，东部决赛首场，迈阿密热火主场经加时103–102险胜印第安纳步行者，取得东部决赛首胜。詹姆斯不仅贡献30分10个篮板10次助攻的华丽三双，更在最后时刻用一记上篮得分完成理论意义上的绝杀。根据ESPN统计，詹姆斯是NBA历史上第一个在同一场季后赛中既打出三双，又投进0秒绝杀的球员。

尽管詹姆斯全场发挥出色，但保罗·乔治在加时赛最后时刻造成犯规，三罚命中，为步行者赢得领先，此时距离比赛结束只剩2.2秒。

可是对于詹姆斯来说，2.2秒已经足够。面对乔治的防守，詹姆斯顺势一个后转身，直接抹向篮下飞身而起左手上篮，在终场前0.3秒球离手，球进哨响，103–102，绝杀！

LEBRON JAMES 19

抢七卫冕

2013年詹姆斯成功卫冕总冠军

詹姆斯砍下37分，平了总决赛第七场的个人最高得分，此前的纪录还是1957年那支凯尔特人的汤姆·海恩索恩投出的37分。此战之前，詹姆斯在季后赛抢七局中场均可以得到33.8分，同样高居历史第一。

2013年6月21日，迈阿密热火主场95–88击败圣安东尼奥马刺，以4–3的总比分成功卫冕。

詹姆斯23投12中，三分球10投5中，罚球8罚全中，轰下了37分12个篮板4次助攻的完美数据。

不过开场之后，詹姆斯仍然没有主攻，首节比赛4投1中只得到4分1次助攻，这之后，詹姆斯完全找回了自信，半场结束，他的个人数据定格在15分3个篮板。

完全放下了包袱的“皇帝”在最后12分钟彻底爆发出了他全面的能量，助攻、篮板、防守、跳投，勒布朗几乎无处不在，他凭借自己的全方位贡献帮助热火保持着领先。终场前27.9秒的跳投命中为热火赢得了4分的领先优势，随后的防守，詹姆斯又成功完成抢断，这一攻一防，直接宣判了总冠军的归属。

LEBRON JAMES 20

绝命飞刀

詹姆斯 0.2 秒三分反绝杀

“以彼之道，还施彼身”，面对联盟第一与第二的神射二人组，詹姆斯亮出飞刀，用百步穿杨的方式终结了对手！

尽管库里三分球 4 投全中砍下 29 分，尽管大卫·李和汤普森各得 21 分和 17 分，但全场狂砍 36 分、13 个篮板和 9 次助攻的豪华准三双数据的詹姆斯才是绝对主角。值得一提的是，詹姆斯前一天客场对太阳砍下 37 分 9 个篮板 3 次助攻 5 次抢断，背靠背砍下 36+9，这是自 1985 年 NBA 有详细数据统计以来的第一次。而最后神奇的三分逆转，让勒布朗一连串眩目数据有了最耀眼的高光。

2014 年 2 月 13 日，热火客场挑战勇士，热火在第三节中段一度领先 20 分，但勇士在“水花兄弟”库里和汤普森率领下，疯狂反扑。库里在末节开始连得 5 分，勇士反超比分，此后双方陷入拉锯战。比赛结束前 1 分 22 秒，勇士以 105-104 反超，关键时刻詹姆斯命中三分，为热火取得领先。库里在比赛还有 14.6 秒时打成关键 2+1，勇士以 110-108 领先。但在最后 0.2 秒，詹姆斯的一记逆天三分命中，热火客场以 111-110 险胜勇士。

LEBRON JAMES 21

一战成魔

詹姆斯 61 分飙分盛宴

也许被好友安东尼 62 分所激励，也许被群锋迭起的飙分潮所感染，当勒布朗决定用一场属于自己的高分秀来祭奠即将逝去的青春，于是 61 分盛宴水到渠成，当詹姆斯拥有“将高尔夫球投向大海”的神奇手感时，一个无法阻挡的飙分狂魔便横空出世。

2014 年 3 月 4 日，热火主场 124 比 107 大胜山猫，“面具侠”詹姆斯打出职业生涯经典一战。全场 33 投 22 中，其中三分球 10 投 8 中，罚球 12 中 9，豪取 61 分 7 个篮板 5 次助攻，将个人单场得分纪录提高了 5 分，同时也刷新了热火队史的单场最高得分纪录。

LEBRON JAMES 22

再决科比

詹姆斯砍36分擒湖人

“23VS24”，若干年前最令人期待的对决，那时西海岸的24号如日中天，而东边克城的23号也君临天下，但最好时节的他们在总决赛失之交臂，令人无限唏嘘。而后他们境遇相似，圣诞大战，他们各自面对自己曾经的兄弟，前缘难再续，似水流年，君已陌路。

然后，他们分别遭遇了不同程度的伤病，低潮期，但他们在斯台普斯拔剑相对时，我们惊喜地发现：最好的“23VS24”，就在眼前！面对23号，今日的科比竟然创纪录地送出17次助攻，而勒布朗也砍下36分！二人都使出对方的绝技，来彼此致敬！

虽然詹姆斯在斯台普斯带走一场胜利，但科比也是胜利者，正是他们精湛的对决，让我们看到了“23VS24”的完美意境！诚然，此役承载太多，而这一切将被封存在我们记忆的最深处。

2015年1月16日，骑士客场挑战湖人，詹姆斯生涯第20次面对科比，此前彼此交锋19场，其中詹姆斯赢了其中的13场。在与科比的交锋中，詹姆斯场均可以砍下27.9分7.7个篮板7.3次助攻，命中率为46.1%。而科比场均25.3分4.9个篮板4.9次助攻，命中率为41.9%。

骑士客场109-102力克湖人。此役，詹姆斯砍下36分5个篮板5次助攻的全能表现，科比砍下19分，还送出生涯最高的17次助攻。

科比与詹姆斯，“24VS23”，看的不是对决，更多的是一种情怀，看到他们就会想起过去近20年NBA历史的点点滴滴。想起科比和奥尼尔的三连冠霸业，“飞侠”经历低估后又王者归来；想起詹姆斯在骑士的挣扎，经历“决定”终登上联盟之巅，再到现在荣归故里。

LEBRON JAMES 23

倚天屠龙

力压杜兰特刺穿雷霆

2014/2015 赛季临近结束，杜兰特又一次被伤病击倒，2015 年 3 月 28 日，雷霆对外宣布“KD”将接受右脚的骨头嫁接手术，赛季报销。这位生涯前七个赛季只缺席了 16 场常规赛的铁人，在生涯第八个赛季却陷入伤病的魔咒。

在这个不堪回首的赛季，杜兰特个人状态被频繁的伤病割得支离破碎。无独有偶，詹姆斯也受到伤病的困扰，30 周岁生日那天，经受着膝盖酸痛和背部不适的他决定好好休息一下，而这一歇，就是两周。

2015 年 1 月 14 日，骑士客场对太阳。詹姆斯伤愈复出，之后连续砍下 30+，状态逐渐回暖。而杜兰特也出现在那个赛季难得保持健康的几场客场之旅中，于是我们等到了久违的“23PK35”，领略到了联盟顶级的两大 MVP 的巅峰对决，在那个充满伤病的一季里，尤其显得弥足珍贵。

2015 年 1 月 26 日，俄克拉荷马城雷霆客场挑战克利夫兰骑士，急于冲进前八的“雷霆双少”率先发力，坐拥主场之利的骑士首节 20-26 落后。但第二节期詹姆斯频频突破，凭借一己之力将比分反超，此节勒布朗独砍 15 分，率骑士打出 37-23 的单节攻势。

下半场，雷霆卷土重来，杜兰特更是开启大杀器，里突外投，更妙传队友，逐渐抹平分差。

第四节开始后又是詹姆斯连中三球重新稳住局面，且骑士三巨头各显神通，相形之下，“雷霆双少”力单势薄，最终 98-109 负于克利夫兰骑士。

虽然俄克拉荷马城人没有在克利夫兰取得胜利，但“23PK35”的桥段足以荡气回肠！

詹姆斯 25 投 11 中，罚球 13 罚 10 中，砍下 34 分 7 个篮板 5 次助攻 1 次抢断以及 2 次封盖。

而杜兰特也毫不逊色，23 投 12 中，9 罚 7 中，贡献 32 分 6 个篮板 9 次助攻 2 次封盖。

在 2015 年 3 月 28 日，在杜兰特因伤报销赛季的噩耗传出之后，我们回首复盘这场比赛，“KD”那翩若惊鸿的身影挥之不去。

如果健康，“KD”依旧是詹姆斯最等量齐观的对手，他们风格迥异，却各具异彩，交相辉映。一个如倚天剑般凌厉绝伦，一个如屠龙刀般威猛霸道，都是绝世利器！尤其在双锋出鞘、直面相决的时刻，足以会留下名动江湖的一世传奇。

LEBRON JAMES 24

绝杀公牛

詹姆斯压哨绝杀公牛

提起绝杀，人们总是下意识地想起乔丹、科比和安东尼，却忽略了詹姆斯　如今这个星球上最伟大的球员！詹姆斯职业生涯中曾有过三次季后赛压哨绝杀，在过去 15 年 NBA 历史中是最多的，要知道乔丹职业生涯虽然命中过很多准绝杀，但压哨绝杀也不过只有三次。

在惨遭罗斯绝杀后，落寞的詹姆斯呆呆地站着，不敢相信眼前所发生的一切。“以彼之道，还施彼身”，詹姆斯同样是以绝杀结束了战斗。不是谁都能完成压哨绝杀，不是谁的绝杀都能令所有人信服，但是，詹姆斯做到了。

2015 年 5 月 11 日，东部半决赛第四战，骑士客场挑战公牛，乐福因伤休战。上一场，骑士遭到罗斯的三分压哨绝杀，这一场如果再失利，意味着骑士将 1-3 落后，要翻盘难如登天。此战对骑士而言至关重要，但他们仍打得非常艰难，前三节一度落后两位数，但末节替补球员挺身而出，一举扳平比分，两队回到同一起跑线。此后，双方展开拉锯战，比分交替领先。终场前 27 秒，巴特勒后撤步投中三分，公牛追至 82-84。关键时刻，骑士出现致命失误，罗斯上篮命中，扳平了比分。最后 8.4 秒，詹姆斯强突之后遭到盖帽，时间只剩下 1.5 秒。詹姆斯在左角接球后，在三分线内一步出手命中。压哨绝杀！骑士 86-84 险胜公牛，以牙还牙，惊险过关，将总比分扳成 2-2。此役，詹姆斯贡献 25 分 14 个篮板 8 次助攻，虽然看似波澜不惊，但他的绝杀价值千金，更是改变了系列赛的走势。

LEBRON JAMES 25

孤皇反击

全能詹单骑破强敌

没有乐福、没有欧文、没有瓦莱乔，詹姆斯身边伤病满营，面对兵强马壮的勇士，ESPN 专家将 25-0 的票数投给金州人夺冠。这似乎是没有悬念的对决，勒布朗就像乌江绝境的西楚霸王，面对箭雨刀山，拔出长剑，率领铁骑残阵，誓死突围！砍下 39 分 16 个篮板 11 次助攻，詹姆斯站在全世界的对立面，披坚执锐，打出职业生涯最强的一场总决赛！最终率领骑士在金州甲骨文球馆取得关键的一胜。

2015 年 6 月 8 日，总决赛第二战在奥克兰打响，此前骑士 0-1 落后，此战不容有失。在没有乐福、没有欧文的情况下，几乎所有人都不再看好骑士，但詹姆斯没有放弃。整个上半场，詹姆斯只在首节休息 52 秒，打满整个次节。半场战罢，詹姆斯 13 投 7 中，攻下 20 分，这是詹姆斯季后赛生涯中首次半场送出 20 分 6 个篮板 6 次助攻。

第三节由于体力下降，詹姆斯连续遭遇封盖。但再次披挂上阵，詹姆斯依然能连续得分，稳定军心。

第四节，他身先士卒，纵然鼻子被格林打破，也丝毫不能动摇他求胜的决心。他的三分让骑士手握 11 分的领先优势。最终骑士客场 95-93 险胜勇士，将总比分扳成 1-1。

全场詹姆斯 34 投 11 中，18 罚 14 中，砍下 39 分 16 个篮板 11 次助攻的大号三双。当终场哨响的那一刻，他怒摔篮球一扫心中郁闷，将所有压力全部宣泄了出来。他用一场足以载入史册的全能鏖战奠定了胜局。

LEBRON JAMES 27

力压双少

主场詹皇迎战雷霆双少

2012年总决赛，詹姆斯率领热火击败雷霆加冕生涯首冠。而杜兰特巅峰失利，更是将“千年老二”的名号坐实，“KD”当然不喜欢这样的封号，所以每次对决詹姆斯的球队，都是他的正名之战。

2015年12月18日，骑士主场迎战雷霆。上半场，詹姆斯与杜兰特相互攻守，不分伯仲。次节雷霆一度领先12分，但骑士随即在詹姆斯的带领下，掀起了一阵18-0的攻击波，实现反超。

易边再战，詹姆斯展现了十足的侵略性。末节，詹姆斯独得9分5次助攻，保持旺盛火力的同时，很好地盘活了全队。最后时刻杜兰特和威少的追平三分接连未中，骑士主场104-100险胜雷霆。最终，詹姆斯全场砍下33分9个篮板11次助攻，力压“雷霆双少”。

杜兰特25分5次助攻，威斯布鲁克27分10次助攻，二人虽然砍下一流数据，但在全面而又稳健的勒布朗面前，依旧难求一胜，令人不禁扼腕，强中更有强中手！

此战也许过于激烈，战火也延伸至场外。过于投入的詹姆斯飞身救球，不幸撞伤了一位场边看球的女球迷，赛后詹姆斯第一时间对这位受伤的球迷表达歉意与关切，所幸，经检查这位球迷并无大碍。

LEBRON JAMES 26

誓不低头

回师速贷残阵克敌

客场战胜勇士，回到克利夫兰的速贷中心，“ALL IN”的标志随处可见，对于缺兵少将的骑士而言，必须全力以赴。而火力全开的詹姆斯依旧无人可挡，砍下40分12个篮板8次助攻2次盖帽的逆天数据，率残阵骑士乘胜追击，不仅系列赛大比分反超，还收获队史45年首个总决赛主场胜利。

2015年6月10日，总决赛第三战，骑士主场96-91险胜勇士，詹姆斯砍下40分12个篮板8次助攻。总决赛前三战，詹姆斯分别砍下44分、39分、40分，累计得到123分，超越里克·巴里（122分），成为NBA史上总决赛前三战得分总和最高的球员。此外詹姆斯总决赛前三战场均41分，比肩1993年总决赛的乔丹（场均41分）。而此战詹姆斯得到2次盖帽，季后赛生涯总盖帽数达159次，超过乔丹（158次）。

在詹姆斯的率领下，这支伤兵满营的哀兵之师，从被全世界看低到如今2-1领先，夺冠的前景忽然变得光明起来。

詹姆斯在传球和投篮两方面自如切换，他的果敢和勇猛带动了全队的进攻。他的贡献不仅仅局限于进攻端，他在防守端同样身先士卒，单兵防守，篮下补位，快速协防，在防守中毫无保留。

#AllForOn
TEAM SWISH
EASTERN CONFERENCE CHAMPIONS
NANCE
42
7
22
25
43
11
23
OKLAHOMA CITY
0
35
13
FIRSTMERIT

LEBRON JAMES 28

刀剑合璧

詹姆斯 & 欧文双砍 40+

总决赛第四战勇士客场 108-97 战胜骑士，总比分 3-1 领先。在总决赛的历史上，出现过 32 次 1-3 落后的情况，没有一支球队能完成翻盘。本场格林被禁赛，詹姆斯和欧文超级爆发，屠龙刀与倚天剑强强合璧，双双砍下 41 分，这是 NBA 总决赛舞台上第一次出现同一队有两名球员同时得分上 40。克利夫兰人在甲骨文中心扳回一城，将大比分追至 2-3。

2016 年 6 月 14 日，总决赛第五场。格林因为总决赛第四场对詹姆斯的恶意犯规，被处以禁赛一场的处罚。

首发登场的伊戈达拉联手“水花兄弟”率领勇士以 9-3 开局，詹姆斯手感火热，和 J.R. 史密斯联手得到 13 分，骑士以 26-25 反超。随后库里和利文斯顿连得 7 分，首节战罢，勇士以 32-29 领先。

次节汤普森单节独取 18 分，半场结束，汤普森砍下 26 分，詹姆斯得到 25 分，两队战成 61 平。

易边再战，詹姆斯和欧文对飙“水花兄弟”，博古特在一次封盖落地时不慎扭伤膝盖，返回更衣室。场上缺少高度的勇士，被骑士以 85-75 将比分拉开到两位数。

末节库里命中高难度三分将比分追近。但欧文和詹姆斯相继得分，骑士打出了 10-0，再度将比分拉开到两位数。最终，骑士客场以 112-97 战胜勇士，将大比分追至 2-3。

因为格林的禁赛，詹姆斯成为湾区公敌，遭到现场球迷狂嘘，但他还是顶住压力，全场出战 43 分钟 30 投 16 中，其中三分球 8 投 4 中，砍下 41 分 16 个篮板 7 次助攻 3 次抢断和 3 次封盖，这也是 NBA 总决赛舞台上首次出现 40+10+7+3+3 的神级数据。

总决赛前两场挣扎的表现，谁都知道那不是欧文的真正实力，此战他爆发了，24 投 17 中，其中三分 7 中 5，罚球 2 中 2，以 70.8% 的命中率得到 41 分，创生涯季后赛得分新高。

LEBRON JAMES 29

连环制霸

总决赛连续飙分创神迹

2016年总决赛第六场上演，骑士从1-3落后的情况下奋起直追，将大比分扳平，双方回到同一起跑线。继上一场比赛后，詹姆斯再次全面发威，拿到41分8个篮板11次助攻，连续第二场40+，成为NBA历史上第五位连续两场总决赛得分超过40的球员。以115-101击败勇士，在自己的地盘上，詹姆斯兑现了赛前的承诺，保住了自己的主场，双方第七场比赛移师奥克兰，在甲骨文球场决出高下。

2016年6月17日总决赛第六场，本场比赛骑士展开严防，前5分钟竟然让勇士一分未得。勇士陷入犯规困境。詹姆斯和欧文连连得手，骑士内外开花，打出18-2的攻击波，首节结束时，骑士以31-11取得20分的优势，11分创勇士2015/2016赛季最低。

库里第二节重回场上，开场频频三分命中，投中4记三分，勇士顺势将比分追成了38-46。而骑士的邓台·琼斯成为奇兵，一人连得5分结束次节，骑士以59-43结束上半场。

第三节一上来J.R.史密斯命中三分，一波6-0后骑士将比分拉大到22分。很快库里就已经第四次犯规，骑士又将优势扩大到20分以上。汤普森在最后1分31秒发威，一人连得8分，勇士将比分追成71-80。

第四节开始詹姆斯连得4分，个人已经得了28分，勇士仍不断反击，巴博萨命中三分，勇士一度将比分缩小至个位。詹姆斯再次挺身而出，一人包办骑士末节前10分，他们以90-79再度拉开差距。比赛还有4分22秒时，库里被吹第六次犯规。最终骑士以115-101锁定胜局。

LEBRON JAMES 30

全能封皇

抢七大战砍下史诗三双

2016年总决赛，前六场都是大比分决出胜负，过程戏剧性十足。两队前六场的总得分也打成了610平，抢七战回到了真正意义上的同一起跑线。

詹姆斯本场比赛拿下27分11个篮板11次助攻，成为NBA总决赛抢七历史上第三位三双制造者。此外总决赛期间，詹姆斯场均29.7分11.3个篮板8.9次助攻2.6次抢断以及2.3次盖帽，领跑两队所有球员。他也成为NBA历史上第一位在季后赛中五项数据均领跑两队所有人的球员。

2016年6月17日总决赛抢七大战，两队打得难解难分，骑士主攻内线，勇士则三分火力全开单节命中5记三分，第一节结束，骑士以23-22领先。

次节，骑士前8次三分全部偏出，直到香波特打成3+1，好在詹姆斯和欧文在内线为骑士不断取分。而勇士手感依旧火热，格林本节三分球4投4中，勇士凭借外线的优势和格林的出色发挥，半场以47-40领先。

易边再战，J.R.史密斯命中两记三分，独取8分将比分扳平。勇士手感不佳，詹姆斯率骑士打出一波9-0，一度以70-63反超7分。格林再次挺身而出，先是三罚全中，随后命中三分，率队打出8-1，再次扳平比分。三节结束，勇士以76-75领先1分。

末节"水花兄弟"手感回暖，詹姆斯一人连得6分帮助骑士再度取得领先。此后，两队命中率下滑，詹姆斯盖掉伊戈达拉快攻中的上篮，双方在3分半钟里都没有得分。终场前53秒，欧文迎着库里命中关键三分，帮助骑士取得3分领先。库里之后三分不中，詹姆斯扣篮遭到格林犯规，随着詹姆斯两罚一中，骑士领先4分，锁定胜局。

詹姆斯打出了27分11个篮板和11次助攻的三双数据，欧文砍下26分6个篮板，包括读秒时刻命中的关键三分，最终，骑士客场抢七93-89险胜勇士，赢得总冠军！并成为NBA总决赛首支1-3落后最终完成翻盘的球队。

皇帝传略

LeBron James

勒布朗·詹姆斯特别札记

他以“皇”为名，这就注定他必须踏上非比寻常的辉煌旅程，他既承载着神般信仰，也曾背负着绝世骂名。他统治联盟的登基之路但并不平坦，用了整整九年，而九乃皇者极数，这也昭示他——皇命天授，九五之尊。

他拥有绝顶的天赋，似乎来自未来；他也有狮子般的雄心，所以注定成为联盟的皇者。然而如今回溯往昔，你会发现：一个皇者的华丽蜕变，竟然是那么的惊心动魄、荡气回肠。

1984—1997 楔子

那是1984年12月30日，母亲格利亚·詹姆斯16岁就生下了勒布朗。生父安东尼·马克特兰德是刑释人员，他丢下格利亚让她独自抚养詹姆斯长大，因此詹姆斯的名字是随母亲的姓。詹姆斯出生后，和母亲一起住在外婆家。

这期间，他爱上了迈克尔·乔丹，爱上了篮球，他为自己挑选了印有23号的球衣。在詹姆斯那间狭小的卧室里，贴满了“飞人”乔丹的海报。詹姆斯从小就梦想自己能长到1.98米，像乔丹一样在场上飞翔。

直到1995年，格利亚和儿子勒布朗终于在斯普林山公寓租下一栋有两个卧室的房子。11岁的勒布朗和他的母亲终于告别了颠沛流离的生活，拥有了一个完整的家。9岁时，勒布朗加入了家乡阿克伦城一支名叫东方龙的橄榄球队，6场比赛完成18次达阵得分，“那是我第一次感觉到自己是如此有天赋”。虽然后来因为手指的受伤和母亲的劝导，他开始专注于篮球，但这少年时代的光荣和骄傲就如同一张洁白的宣

纸上的第一次挥毫，是那样鲜明、深刻、持久。

詹姆斯在阿克伦加入了圣文森·圣玛丽高中。他场均得到 21 分和 6.2 个篮板，并且带领球队创下了 23 胜 1 负的佳绩，夺得州三级联赛冠军。第二年，詹姆斯场均得到 25.2 分、7.2 个篮板、5.8 次助攻和 3.8 次抢断。他带领球队获得 26 胜 1 负的战绩，蝉联了州三级联赛的冠军。他是有史以来第一位成为俄亥俄州篮球先生的高中二年级球员，也是第一个被选入《今日美国》（*US Today*）全美第一队的高二球员。

詹姆斯在他的高中第三年更上一层楼，场均 29.0 分、8.3 个篮板、5.7 次助攻和 3.3 次抢断，并且再次成为当年的俄亥俄州篮球先生。他在全美第一队中再次占有一席之地，并且获得了 2001/2002 年度“佳得乐全国男孩篮球运动员”称号。正是在那段时间，他“皇帝”（King James）的绰号在俄亥俄州变得家喻户晓。他出现在《灌篮》（*SLAM*）杂志封面上，这是他全国性曝光的开端。

詹姆斯一度考虑提前参加 2002 年的 NBA 选秀，他递交了请求，希望要求球员至少完成高中学业的 NBA 选秀规则做出调整网开一面，但这次请愿未能成功。尽管如此，此举依然令他在进入高中四年级时吸引到了前所未有的全国性的关注度。那时，詹姆斯已经出现在了《体育画报》和《ESPN 杂志》的封面上。他的受欢迎程度之高，导致他的球队不得不将他们练习的场地从学校体育馆迁至临近的阿克伦大学的詹姆斯·A. 罗德球馆（James A. Rhodes Arena）。像沙奎尔·奥尼尔这样的 NBA 球星也来观看比赛，而詹姆斯的一些比赛甚至在 ESPN2 全国直播和地方付费频道上转播。

爱尔兰人队赢得了第三座州冠军奖杯后，詹姆斯场均得到 31.6 分、9.6 个篮板、4.6 次助攻和 3.4 次抢断。詹姆斯史无前例地三度入选全美第一队，也三度当选俄亥俄州篮球先生。他得到了麦当劳全美高中明星赛、美国高中圆球经典赛和乔丹高中慈善赛的 MVP 荣誉。此外，尽管这是预料之中的事情，但因为参加了两次以上的高中全明星赛，詹姆斯自动丧失了进入 NCAA 的资格。

他太有名了，在他周围形成了一层喧嚷的云翳。期望、赞美、歌颂、诱惑，将他逐渐推上一个无法回头的台阶。耐克和阿迪达斯来回争执，想早早签下他。纽约的报纸吹嘘说，这个高中生一旦签合同，总金额可能超过 2000 万美元。你无法想象他还能过大学生活，他只能去 NBA，别无他途。

全美第一高中生，2003 年选秀状元。23 号、乔丹接班人、乔丹 +“魔术师”、9000 万美元耐克合同。这就是 21 世纪的商业模式：一切都被提前呈现了。你知道不会有什么意外。

克利夫兰怀着惊喜和期待选择了他。18 岁，距离 NBA 的国王还远。但是，2003 年夏，克里夫兰的国王已经提前登基了。

2003/2004 王者初临

当然要有一个梦幻般的开场白，否则如何对得起之前的铺垫。2003 年 10 月 30 日，克利夫兰骑士客场对阵萨克拉门托国王，詹姆斯在世界的疑惑和期待中 20 投 12 中，

砍下 25 分 6 个篮板 9 次助攻 4 次抢断。这下全世界都放心了，整支骑士都将是他的部下。此时的克利夫兰拥有卡洛斯·布泽尔和里基·戴维斯等准全明星和立陶宛明星中锋、NBA 第三高度伊尔戈斯卡斯，但是在被勒布朗照亮的未来中，这些人只有两个选择——要么服从他，要么走人。

不久之后，勒布朗露出了“纪录刷新机器”本色，开始了十年如一日的刷屏：2004 年 2 月 9 日，总得分突破 1000 分，但 60 年来的所有 NBA 同行们做到这件事时，没一个比他更年轻。同年 3 月 27 日，面对篮网砍下 41 分——理所当然，又是最年轻的吃螃蟹者……

一连串的纪录在赛季结束后更集中地呈现出来——个人场均 20+5+5 的数据，继罗伯特森和乔丹之后第三人，包揽东部所有月最佳新秀称号，击败在西部干了同样事情的好哥们儿安东尼，加冕年度最佳新秀——懒得说了，他当时 19 岁零 87 天，又是最年轻。当年夏天，“梦之队”向他伸出橄榄枝，邀他一同出征雅典。在一众前辈面前，他并未得到重用，但 19 岁入选“梦之队”本身就是一种极大的荣耀，他注定要比所有人都更早地品尝生命的伟大和荣耀。

他的球队战绩翻了一番，17 胜变成 35 胜，虽然还是没能进入季后赛，但所有人都很满意，因为那是迟早的事。“现在我们每天都看到勒布朗，所以我们都习惯了。”沉默可亲的伊尔戈斯卡斯说道。

2004/2005 少年霸王

卡洛斯·布泽尔在休赛期摆了骑士一道，搞不清谁才是老大的里基·戴维斯被判流放。骑士换来德鲁·古登和巴西人瓦莱乔，为詹姆斯重新组建军团。如今所有人都意识到，这孩子每走一步都会踩出一个新的历史纪录：赛季第二战，他的职业生涯篮板数以最快的速度累积到 500 个，将“魔术师”甩在了身后。三天后，湖人队史上另一位伟大球员步了“魔术师”后尘，詹姆斯面对雄鹿砍下 31 分，以比科比年轻一岁半的时光差距得到了个人第 2000 分。

2005 年 1 月 23 日，詹姆斯取下 27 分 11 个篮板 10 次助攻的三双数据。又一位湖人系球员被跨越——左手魔术师拉马尔·奥多姆。2005 年 3 月 21 日，纪录的质量进一步升级，面对科比的御用配角猛龙，詹姆斯砍下 56 分，刷新职业生涯单场最高分的同时，将“对不起，我更年轻一些”这句口头禅送给了里克·巴里。

赛季在表演中落幕，坐下来一合计，恐怖景象出现了：21 岁的二年级菜鸟，场均 27+7+7 的数据。这种数据乔丹做到过一次，但乔丹当时 26 岁。是的，全方位的飞跃和爆发。好的，全明星周末欢迎你，非人类。于是他奢侈地上场 31 分钟，13 分 8 个篮板 6 次助攻完成全明星首秀。赛季结束，进入最佳阵容二队——这意味他是全联盟最好的十个球员中的一员啦。骑士 40 胜 42 负——唯一的美中不足就在这里，他们依然无缘季后赛。但是，一切已经很接近了，很快就会到来。“我有信心，我和队友们度过了一个美妙的赛季。”詹姆斯说道。

2005/2006 跃龙在渊

有了2004/2005赛季的飞跃，詹姆斯背后的商业网络再度发力，将他推向更高的层面。关于他的评价如同呼啸在山间螺旋公路上的列车，以令人眩晕的速度和弧线狂舞飙升。“我曾和迈克尔合作十年，他是一个卓尔不群的巨星。但今天我想说，勒布朗已经超越了同时段的乔丹。”斯科特·皮蓬说道。既然如此，那必须得有更具说服力的表现了。

2005年11月19日，面对正当华年、凤舞天翔的菲尼克斯太阳，詹姆斯砍下36分11个篮板10次助攻。从这里开始到月底，是一波连续6场30+的表演。客场对雄鹿，29投19中52分7个篮板7次助攻。整个11月，场均30.7分6个篮板5次助攻，摘下东部月最佳。全明星赛前，骑士一度排名东部前三。全明星周末，詹姆斯在休斯敦联合活塞四将，逆转西部20分，让东道主麦迪的36分打了水漂。詹姆斯个人拿下29分6个篮板，加冕最年轻的全明星MVP，这尊奖杯是巨星之路的起点。

在那个外线井喷的年份，科比和艾弗森砍分如麻，单场81分，三节62分，单季27场40+之类的表演汗牛充栋。詹姆斯则摆出全能前锋的身段，赛季场均31.4分7个篮板6.6次助攻。入选最佳阵容一队，骑士50胜32负修成正果，进军季后赛。季后赛首战，詹姆斯取得32分11个篮板11次助攻的三双战绩，向麦卡杜和“魔术师”遥遥致敬。骑士与奇才鏖战六场，留下了“走步绝杀”和“罚球诅咒2.0版”等争议和经典桥段后，骑士成功晋级。面对强悍的赛场搬运工、汽车城底特律机械般的汉子们，稚嫩的骑士在率先拿到赛点的情况下被逆转淘汰。但是，这足够了，这只是他的第一次季后赛之旅而已。13场季后赛，他交出场均30.8分8.1个篮板5.8次助攻的季后赛成绩单。“球神”乔丹赞曰：“那小子真帅！”

至此，他的新秀合同结束了，更大的签约和瑰丽的未来在等待着他。

2006/2007 巅峰一游

2006年夏，詹姆斯以4年6000万续约骑士，事实上，骑士本想用5年8000万让他待得更久一点，但为了将来的机动灵活，詹姆斯选择了3+1合同，他有权在2010年夏决定自己的去留。顺便，他和“03白金一代”的天才们去日本为国家打了一次世锦赛，没有了前辈的掣肘，他们玩得轻松愉快，但结果又是一枚铜牌。

骑士以50胜成绩成为NBA东部第二种子球队。詹姆斯个人场均27.3分、6.7个篮板、6次助攻及1.6个抢断。季后赛首轮对手是华盛顿奇才，骑士直落四场横扫。第二轮的对手是新泽西篮网，骑士队以4-2淘汰对手，他们15年来首次跻身东部决赛。面对底特律活塞，骑士队在客场连输两场，0-2，但连扳四场逆转取胜。詹姆斯在第五场比赛表现出色，个人取得48分，尤其在比赛后段表现神勇，包办队中最后30分中的29分。在两次加时后，他们最终击败了活塞，骑士队历史上首次取得 NBA 东部联盟冠军。在总决赛中，对手是圣安东尼奥马刺，骑士被马刺连续四场击败，而詹姆斯在总决赛中面对防守专家鲍文的特殊照顾，表现不尽如人意，四场下来平均得分为 22.0 分、7.0 个篮板及 6.8 个助攻，但命中率仅为 35.6%，且错过了多次进攻终结机会。但纵观整个季后赛，詹姆斯平均取得 25.1 分、8.0 个篮板及 8.1 次助攻，成为骑士队第一位非后卫球员连续 8 场比赛至少有 7 次助攻。

更重要的是，他让克利夫兰这个体育世界中弱小的病夫之城见识了 NBA 总决赛的面目。一位球迷喊道："勒布朗职业生涯第四个赛季就率队晋级总决赛了，他才只有 22 岁呢！"

2007/2008 虎啸天下

詹姆斯连续四年入选东部联盟全明星，他成为比赛中的最有价值球员，以 27 分、8 个篮板、9 次助攻、2 次抢断及 2 次盖帽协助东部以 134–128 击败西部。2008 年 2 月 27 日，詹姆斯在对波士顿凯尔特人的比赛中，取得了个人生涯的第 10000 分。他仅以 23 岁 59 天，成为最年轻达成 10000 分的球员，此外他花了 368 场完成 10000 分，是 NBA 第九快的纪录。2008 年 3 月 21 日对多伦多猛龙的比赛中，他取得 29 分，取代布拉德·多赫蒂成为骑士队总得分最高的球员，以 10414 分超过多赫蒂的 10389 分。赛季结束后詹姆斯首次成为 NBA 得分王。詹姆斯带领球队以 45 胜 37 负的成绩跻身季后赛，在第一轮面对华盛顿奇才，以总场数 4–2 击败对手，连续三年在季后赛淘汰了奇才。

在第二轮面对拥有"三巨头"的波士顿凯尔特人，骑士队迫使凯尔特人进入第七场比赛，遗憾地在第七场中惜败，以总场数 3–4 负于对手，未能再进一步。詹姆斯和皮尔斯在第七场上演世纪对飙，合计砍下 86 分，直追当年的伯德 VS 威尔

金斯。

虽然失意半决赛，但这是詹姆斯飞跃的一年。2008年的北京奥运会，他领衔着“03白金一代”，在世界的注视下飞天遁地出尽风头，如超人般横行于篮球世界，虎啸天下，百兽震恐。虽然科比扮演了最后的定海神针，但对于詹姆斯们而言，新的舞台已经打开，新的境界在期待他的光临。

2008/2009 大戏中断

2009年2月4日在作客纽约尼克斯的赛事中，詹姆斯几乎完成自1975年贾巴尔以来个人得分超过50分的三双，在比赛中取得52分、9个篮板和11次助攻。原本赛后的统计是抓到10个篮板，但之后修正为9个篮板。在2009年3月10日至13日，詹姆斯连续三场赛事取得三双成绩。2009年3月25日，骑士队击败新泽西篮网后，协助球队取得自成立以来最好的成绩。

凭借2008/2009赛季出色的表现，詹姆斯首次成为常规赛最有价值球员，他本人也成为继2001年的艾弗森后，2001—2009年九年来又一个出自东部的MVP。季后赛中的骑士队以不败的姿态以两个4–0击退底特律活塞队及亚特兰大鹰队率先跻身东部决赛。对手是奥兰多魔术队，但是第一场比赛就遭到魔术队顽强反击，希度·特克格鲁最后关头命中关键球，随后助攻刘易斯确立领先，此役更被特克格鲁拿下15分14次助攻。第二场比赛，魔术与骑士战斗到最后关头，特克格鲁突破后左侧跳投命中，詹姆斯在最后1秒面对特克格鲁起手射进经典的三分球，以96–95反胜，在总场数追成1–1平。这个系列赛里詹姆斯的表现已经无可挑剔，打出了场均38.5分（48.7%命中率）8.3个篮板8次助攻的恐怖数据。但最终骑士还是以总场数2–4负于魔术，未能进入总决赛，联盟力推的“23VS24”巅峰戏码成为虚话。

2009/2010 失意南奔

詹姆斯连续六次参加NBA全明星赛，更连续三年取得250万票。2010年2月18日，詹姆斯取得43分、13个篮板及15次助攻，但最后116–118惜败丹佛掘金。这是自1962年2月13日奥斯卡·罗伯逊以来再次有球员在单场比赛取得40分、13个篮板及15次助攻。詹姆斯带领骑士以61胜的战绩再次笑傲全联盟，他也蝉联了常规赛MVP，成为NBA史上第十位连续两个赛季获此殊荣的球员。2009/2010赛季詹姆斯常规赛场均贡献8.6次助攻，超越“大鸟”伯德的场均7.6次助攻，成为NBA历史上单季场均助攻最多的小前锋。

但是到了季后赛，在4–1淘汰公牛队之后，詹姆斯的右肘韧带撕裂，打止痛针坚持出战。另外，半决赛期间传出的同队队友韦斯特和“皇帝”母亲有染事件更是让詹姆斯难以接受。骑士的化学反应已经被彻底破坏，最终以总比数2–4不敌凯尔特人队，其中第五场詹姆斯更是14投仅仅3中取得15分。

在对阵凯尔特人系列赛第六场比赛中，詹姆斯取得了27分19个篮板10次助攻的三双数据，19个篮板也是詹姆斯个人季后赛新高，另外他还贡献了3次抢断，这四项数据也是全队最高。他得到这样数据的同时也付出了巨大的代价，詹姆斯全场21投8中，命中率只有38%，同时出现的9次失误。詹姆斯宣布将在新球季换穿6号球衣，原因是为了尊重迈克尔·乔丹而放弃自己原有的23号背号。

2010年7月9日，勒布朗·詹姆斯在万众瞩目之下，终于于当地时间9点，透过ESPN举办的全国直播特别节目“The Decision”宣布与热火队签约。2010/2011赛季，他将联手克里斯·波什与德维恩·韦德，加盟迈阿密热火。这一举动震惊了NBA，詹姆斯来到迈阿密，实在是大大出乎人们的意料。和纽约、新泽西、芝加哥相比，迈阿密人在詹姆斯争夺战中，从未占据过先机。此事让克利夫兰骑士队的球迷为之气结，甚至公开烧毁市面贩售的詹姆斯球衣。

在那个夏天，他不再是救世主。所有的嘲讽和诋毁肆意杀来。如果他继续失败，他将失去所有理由。

2010/2011 远征之殇

赛季开始后，热火很快就被敲了一记闷棍，他们在揭幕战就被凯尔特人打得抬不起头。到了赛季打完17场以后，热火的战绩仅为9胜8负。那段时间，是热火整个赛季的谷底。之后热火一鼓作气取得12连胜，并在2010年12月至2011年1月取得了客场13连胜的恐怖成绩，这个客场连胜战绩在NBA历史上排第三位，仅次于1994/1995赛季爵士的客场15连胜和1996/1997赛季热火的客场14连胜。但2011年1月中旬的四连败给了热火当头一记闷棍。老迈的丹皮尔进入首发阵容后，热火飞流直下，丹皮尔首发的前八场比赛，热火2胜6负！在那八场比赛中，詹姆斯四次最后时刻投篮偏出，漫天尽是抨击詹姆斯的声音。危急关头，在2011年3月27日对火箭的那场比赛中，“三巨头”同时拿下30+10，此后热火一帆风顺，在常规赛末段与凯尔特人竞争东部第二的旅程中，热火笑到了最后。

热火首轮4–1轻取76人。第二轮詹姆斯场均砍下28.0分、8.2个篮板、3.6次助攻，热火以4–1击败凯尔特人，值得一提的是詹姆斯在第五场中最后时刻连拿10分。东部决赛遇到新科MVP德里克·罗斯带领的公牛，首场惨败21分，但詹姆斯在之后的比赛中场均拿到25分，帮助球队连胜四场淘汰公牛。在第五场时詹姆斯与韦德上演“黑色三分钟”，两人连拿16分逆转，詹姆斯的防守，在对位罗斯时得以展现。但在总决赛对小牛中的六场，詹姆斯的场均得分仅有17.8分，甚至还有单场11投3中仅得8分的季后赛最低数据。在之前两轮，他场均分别能得到8.4次和8.8次罚球机会，而总决赛六战，詹姆斯一共只罚了20个球。热火最终负于小牛，错失总冠军。

詹姆斯就此跌落到了谷底，不可能更糟糕了。以后只会变得更好，只要他挺住。

2011/2012 终成霸业

由于2010/2011赛季总决赛的糟糕表现，詹姆斯受尽嘲讽，总决赛中他的低位技术更是遭到质疑。于是夏天在向奥拉朱旺学习了低位脚步技术之后，詹姆斯也开发了低位进攻技术，尤其是背身技术，这让他的进攻技术更加全面。2011/2012赛季詹姆斯的另一转变在于三分球出手减少，内线得分增加，这样一来整个赛季的表现持续稳定。

2011/2012赛季，受到劳资谈判影响，常规赛缩水，200米跑成了100米直线冲刺，这反而给了“小皇帝”上紧发条的机会。62场常规赛，场均37.5分钟里拿下27.1分、7.9个篮板和6.2次助攻，詹姆斯第三次加冕常规赛MVP，这是他2008—2012赛季四个赛季第三次获此殊荣，同时“小皇帝”成为继迈克尔·乔丹之后又一位至少三夺常规赛MVP之人。

热火季后赛首轮轻取尼克斯，次轮对阵步行者以4–2过关。东部决赛中，热火“三巨头”遭遇凯尔特人，前五战打完热火以2–3落后。第六战又要客场作战，詹姆斯再度在季后赛来到淘汰边缘，但他在第六场比赛攻下45分，摘下15个篮板以及传出5次助攻，帮助球队取得胜利(他也是继1964年威尔特·张伯伦的50分、15个篮板、6次助攻以来，又一个在季后赛能有至少45+15+5的球员)。第七战热火在主场险胜凯尔特人，晋级总决赛。总决赛中面对青年军俄克拉荷马雷霆队，热火在先失一场的情况下连下四城，以4–1夺取2012年NBA总冠军。勒布朗·詹姆斯平生第一次捧起总冠军奖杯，在自己的第三次总决赛上场均轰下28.6分10.2个篮板7.4次助攻，投篮命中率47.2%。并在最后一场中他打出三双，贡献26分、11个篮板和13次助攻，当之无愧地成为总决赛MVP。

他说：“去年我带着仇恨打球，而现在，我带着很多爱。今天是我生命中最开心的一天！”

到了2010年8月，“梦十队”奔赴伦敦摘下奥运金牌，詹姆斯再添荣耀，一年之内，包揽无数，毫无疑问，这是属于他的一年。

2012/2013 皇者再临

夺冠后的新赛季之初，詹姆斯很有点无欲无求。有冠军，万事足。但当他露出真面目，他依然是最可怕的球场统治者。

2013年2月4日，詹姆斯对上夏洛特山猫队，整场比赛14投13中，命中率高达92.9%，取得31分、8个篮板、8次助攻，成为继1967年的威尔特·张伯伦后又一位达成单场至少30分、8个篮板、8次助攻，命中率又在90%以上的球员。

热火在2013年2月3日至3月25日缔造了NBA史上第二长的27连胜，他在连胜期间的平均数据是优异的27.0分、8.1个篮板、8.0次助攻、1.9次抢断和57.5%命中率这是当之无愧的最佳主演。热火66胜领衔联盟。

最后评定，在121张选票中，詹姆斯获得了120张第一选票，另一张第一选票给了安东尼。这是詹姆斯五年内第四次获此殊荣，他也成为NBA史上第五位至少四次获得常规赛MVP的球员。

在总决赛中，第六战（之前马刺3–2热火）热火在濒临淘汰的情况下靠着雷·阿伦最后时刻射入的关键三分球追平比分，进入加时赛。在加时阶段最后1.9秒雷·阿伦射入2个罚球，帮助热火获胜。热火与马刺进入第七战，抢七战詹姆斯表现出色独得37分、12个篮板和4次助攻，帮助热火队以4–3击败圣安东尼奥马刺队卫冕总冠军。37分追平抢七战最高得分纪录。七场系列赛，詹姆斯平均25.3分、10.9个篮板、外

加7次助攻再次获得总决赛MVP。连续两年包办了常规赛和总决赛的MVP，这是自1992年乔丹之后，NBA史上的第二人。

至此，他登上了现役球员的最巅峰，在如今的NBA联盟里，他是如日中天的“皇帝”。

2013/2014 王朝之憾

两连冠的詹姆斯和他的热火志在完成三连冠的伟业，“皇帝”渴望开辟属于他的王朝。2014年1月10日，热火客场对阵篮网的比赛中，詹姆斯在第三节拿到了自己的第20分，职业生涯总得分达到了22000分，以29岁11天超越张伯伦，成为NBA历史上“最年轻22000分先生”。

2014年3月4日，詹姆斯在与山猫的比赛中砍下了61分，打破了个人职业生涯得分纪录及格伦·莱斯保持的热火队史单场得分纪录。2014年4月5日，热火主场经双加时以121-122负于森林狼。詹姆斯上场47分57秒，24投12中贡献34分8个篮板5次助攻4次抢断，詹姆斯砍下34分后职业生涯总得分达到23000分里程碑，总得分为23003分，以29岁95天成为NBA历史上最年轻的23000分先生。2014年3月10日，热火提前晋级季后赛。季后赛首轮，热火总比分4-0淘汰山猫。2014年5月15日，东部半决赛第五场，热火主场96-94险胜篮网，大比分4-1晋级东部决赛。2014年5月30日，热火4-2击败步行者晋级总决赛。这天詹姆斯夺得生涯第100场季后赛胜利，他是NBA历史上第22位拿下生涯季后赛百胜的球员，29岁151天的他也成为NBA史上第二位在30岁生日前拿下季后赛百胜的球员。同时詹姆斯成为NBA史上继鲍勃·麦卡杜和丹尼斯·约翰逊之后，又一位在加盟一支新球队的前四个赛季均打入总决赛的球员。

总决赛中热火再次与马刺对阵，2014年6月6日热火以95-110不敌马刺，总比分0-1落后，而贡献25分6个篮板3次助攻的詹姆斯，末节更是因伤退场。詹姆斯也成为继乔丹与科比后第三位拿到季后赛4000分、1000个篮板、1000次助攻的球员。2014年6月8日，詹姆斯贡献35分10个篮板，第三节52秒内连得8分，率热火98-96险胜。只可惜热火随后却遭遇三连败，大比分1-4负于马刺，憾失三连冠。在常规赛MVP的评选中，此前连续四个赛季包揽常规赛MVP的“皇帝”，被疯狂的杜兰特拉下神坛，无缘创纪录的MVP五连冠。

HEAT
6
PARKER
9
SPURS
15
SPURS
4
SPURS
21
22
KIA
KIA
KIA
PEAK

HEAT
6

2014/2015 皇者归来

2014 年 7 月 12 日，詹姆斯在《体育画报》上发表公开信，宣布将回归骑士。效力热火的四年间，詹姆斯率队四次打入总决赛，并两夺总冠军。虽然 2013/2014 赛季总决赛惜败马刺，但“皇帝”的表现值得肯定，场均贡献 27.1 分 7.0 个篮板 6.3 次助攻。

遥想当年，在骑士一次次季后赛折戟后，勒布朗选择“出走”克利夫兰，其实是对于总冠军的无限渴望，只有登顶夺冠，取得匹配自己的终极荣誉，才能真正封皇天下，否则，勒布朗将背负皇者名号成为笑柄。

早已荣耀满载的“皇帝”丈量着与“篮球之神”乔丹的距离！对于志存高远的勒布朗而言，如果能率领骑士夺冠，毫无疑问将成为家乡的英雄，从这个层面而言，他有超越乔丹的一次机会。骑士这四年的惨淡战绩也让球迷日益想念勒布朗。所以，这两年勒布朗在骑士主场收获的嘘声日益减少，取而代之的是有球迷居然跑到球场呼吁勒布朗 2014 年回家。没有谁会一直乐于扮演全名公敌的角色，更何况是和自己的家乡父老为敌。

热火虽好，却难以找到家的归属感。在已两连冠在手、争冠压力有所缓解的情况下，返回家乡无疑是一个绝妙的选择。也只有这样，勒布朗才能真正化解家乡父老对自己的怨恨，多年后，他当年的“叛逃”会被描述为无伤大雅的小闹剧，

而不是永难磨灭的重大污点。随着詹姆斯重回骑士，三届全明星球员乐福加盟骑士，与詹姆斯、欧文组成“三巨头”，剑指总冠军。随后，马里昂、麦克米勒等球星都选择加盟骑士，骑士一跃成为总冠军的最大热门。

赛季之初，众星云集的骑士并没有展现出强大的战斗力，5胜7负的开局甚至让人大跌眼镜。虽然“三巨头”的球风有一定的互补性，但球队孱弱的防守并不能帮他们统治东部。2015年初，詹姆斯因伤一度缺席两周比赛，骑士遭遇了一波尴尬的六连败。好在詹姆斯及时复出，再加上新援莫兹科夫的加盟，改变了骑士的防守，而他们强大的进攻经过磨合和改善，终于日趋完美。随后骑士豪取11连胜，在经历数个月磨合之后，骑士终于完成了蜕变。

最终骑士从19胜20负一路狂奔到53胜29负收官，以东部第二的名次再次闯入季后赛。骑士相继扳倒昔日霸主凯尔特人、没落豪门公牛和新贵老鹰之后，总决赛门票也到手了。这让世人看到在东部，拥有“三巨头”的骑士已是一家独大。

到了总决赛接连失去乐福和欧文的骑士，几乎被人已不看好，但詹姆斯没有放弃，率残阵与强大的勇士鏖战六场，场均砍下35.8分13.3个篮板8.8次助攻。其实整个2015年，勒布朗表现得已足够出色。但孤军奋战的他依旧未能战胜万箭齐发的金州轻骑，无奈惨遭巅峰之败。

23
CURRY
30
GREEN
23

2015/2016 兑现诺言

詹姆斯一回来，就率领骑士杀进了总决赛，而且在欧文和乐福缺阵的情况下还一度取得了2-1领先。千言万语汇成一句话，明年我们再来！没有任何犹疑，吉尔伯特将总价值合计2.7亿美元的合同用在了这班骑士球员身上，完整地保留了总决赛阵容。

2015/2016赛季骑士在东部仍是无敌，2015年11月3日在107-100逆转76人后，骑士豪取开季三连胜，此役詹姆斯砍下22分9个篮板11次助攻，职业生涯总得分达25001分，以30岁307天的年龄成为史上最年轻的25000分先生！

2016年1月25日，骑士主教练大卫·布拉特下课了。他们在客场惜败给勇士尚可说是虽败犹荣，但回到主场后被痛斩34分简直让整个克利夫兰心生阴影。勇士开季打出24连胜，此时41胜3负的恐怖战绩直追1996年的芝加哥公牛而去。克利夫兰无法容忍自己的主队这样输给最大的假想敌。助理教练，39岁的泰伦·卢火线上位。

这一连串变革让骑士的战绩受到了不小的影响，30胜11负之后27胜14负，最终只领先东部第二猛龙一个胜场。但这不重要，东部只有两种球队——骑士和其他球队，只有最可能冲出西部的勇士、雷霆、马刺才是他们的目标。

更加机动灵活的骑士团在东部季后赛之旅中所向披靡，在“皇帝”的率领下，骑士首轮4-0横扫活塞，次轮4-0横扫老鹰，顽强的猛龙也只是顽强抵抗两场后，便被骑士淘汰。骑士再度挺进总决赛，对手依然是勇士，常规赛73胜9负登上NBA历史之巅的勇士，季后赛用恐怖的三分球对雷霆实现了1-3大逆转的勇士。

总决赛前四场的结果似乎是对骑士战略的嘲讽，他们大比分1-3落后了！要知道总决赛历史上，从未有过1-3逆转，这几乎等于总决赛已经结束了。

但是谁也没想到的事情发生了！总决赛第五场，詹姆斯、欧文的中远投几乎弹不虚发，各自砍下41分，持续全场的攻击力让勇士无可奈何。詹姆斯在第四节的连续中投尤其致命，挡住了勇士最后的反击。欧文随即在转换中投进绝命三分球，阻止了勇士主场夺冠的企图。第六战成为系列赛最关键的转折，此战毫无疑问是詹姆斯2015/2016赛季的代表作。勒布朗·詹姆斯更是突然进入了自己巅峰时代的终极状态，并且率领骑士将比分追成3-3。第七场是2015/2016赛季最恢宏、最窒息、最精彩的巅峰战役。骑士最终93-89战胜勇士，一段必将载入史册的历史诞生了——NBA史上第一次在总决赛出现1-3大逆转。詹姆斯兑现了他的诺言，为克利夫兰为骑士带来了历史上的第一尊总冠军，一尊最神奇、最独特的总冠军。

至此，勒布朗·詹姆斯身披23号，在他即将32岁的夏天，在他入行13年之后，在他和克利夫兰经历了史诗般的离合爱恨之后，终于完成了他对这座城市童话般的许诺。当然了，詹姆斯在NBA乃至篮球历史上的地位，永远比克利夫兰重要得多。之于他个人而言，这是他时隔三年再度登上王座，第三个总冠军，第三尊总决赛MVP奖杯。自从2014年他接连失去常规赛MVP和总冠军，他天下第一的位置逐渐受到怀疑。但就在库里打出NBA史上最伟大的常规赛表演之一之后，就在勇士拿下73胜之后，他忽然神奇地回到了王座之上，雄辩地证明，2009年以来，这个联盟没有任何人能够和他相提并论。

LEBRON JAMES

勒布朗·詹姆斯档案

个人档案

- 勒布朗 · 詹姆斯 / LeBron James
- 绰号：King James
- 国籍：美国 / 生日：1984 年 12 月 30 日
- 出生地：俄亥俄州阿克伦城
- 毕业学校：圣文森 · 圣玛丽高中
- 身高：203cm / 体重：113kg
- 选秀：2003 年第 1 轮第 1 顺位被骑士队选中
- 现效力球队：克利夫兰骑士 / 号码：23 号
- 位置：前锋
- 生涯荣誉：3 次 NBA 总冠军、2 次奥运会冠军

7 次 NBA 东部联盟冠军、4 次 NBA 常规赛 MVP
3 次 NBA 总决赛 MVP、2 次 NBA 全明星赛 MVP
12 次 NBA 全明星、2004 年 NBA 最佳新秀
2004 年 NBA 最佳新秀阵容第一阵容
10 次入选 NBA 第一阵容、2 次入选 NBA 第二阵容
5 次入选 NBA 最佳防守阵容
2007/2008 赛季 NBA 得分王（30.0 分）
2004 年雅典奥运会男篮铜牌
2006 年 FIBA 世界锦标赛男篮铜牌
20 次《体育画报》的封面人物
2003 年奈史密斯高中篮坛 MVP

职业生涯常规赛数据

赛季	球队	篮板	助攻	抢断	盖帽	得分
2003/2004	骑士	5.5	5.9	1.6	0.7	20.9
2004/2005	骑士	7.4	7.2	2.2	0.7	27.2
2005/2006	骑士	7.0	6.6	1.6	0.8	31.4
2006/2007	骑士	6.7	6.0	1.6	0.7	27.3
2007/2008	骑士	7.9	7.2	1.8	1.1	30.0
2008/2009	骑士	7.6	7.2	1.7	1.1	28.4
2009/2010	骑士	7.3	8.6	1.6	1.0	29.7
2010/2011	热火	7.5	7.0	1.6	0.6	26.7
2011/2012	热火	7.9	6.2	1.9	0.8	27.1
2012/2013	热火	8.0	7.3	1.7	0.9	26.8
2013/2014	热火	6.9	6.4	1.6	0.3	27.1
2014/2015	骑士	6.0	7.4	1.6	0.7	25.3
2015/2016	骑士	7.4	6.8	1.4	0.6	25.3
场均		7.2	6.9	1.7	0.8	27.2

职业生涯季后赛数据

赛季	球队	篮板	助攻	抢断	盖帽	得分
2005/2006	骑士	8.1	5.8	1.4	0.7	30.8
2006/2007	骑士	8.1	8.0	1.7	0.5	25.1
2007/2008	骑士	7.8	7.6	1.8	1.3	28.2
2008/2009	骑士	9.1	7.3	1.6	0.9	35.3
2009/2010	骑士	9.3	7.6	1.7	1.8	29.1
2010/2011	热火	8.4	5.9	1.7	1.2	23.7
2011/2012	热火	9.7	5.6	1.9	0.7	30.3
2012/2013	热火	8.4	6.6	1.8	0.8	25.9
2013/2014	热火	7.1	4.8	1.8	0.6	27.4
2014/2015	骑士	11.3	8.5	1.7	1.1	30.1
2015/2016	骑士	9.5	7.6	2.3	1.3	26.3
场均		8.8	6.8	1.8	0.9	28.0

职业生涯全明星赛数据

年份	举办地	篮板	助攻	抢断	盖帽	得分
2005	丹佛	8	6	2	0	13
2006	休斯敦	6	2	2	0	29
2007	拉斯维加斯	6	6	1	0	28
2008	新奥尔良	8	9	2	2	27
2009	菲尼克斯	5	3	0	0	20
2010	达拉斯	5	6	4	0	25
2011	洛杉矶	12	10	0	0	29
2012	奥兰多	6	7	0	0	36
2013	休斯敦	3	5	1	0	19
2014	新奥尔良	7	7	3	0	22
2015	纽约	5	7	2	0	30
2016	多伦多	4	7	0	0	13
场均		6.3	6.3	1.4	0.2	24.3